JN094145

しいたけ.の やさしいお守りBOOK

しいたけ.

マガジンハウス

はじめに

悩んだ日々がいつか あなたを守ってくれる

個人鑑定をやっていたときのことです。本当に大変な仕事ではあったのですが、お客さんに会うのがとても楽しみでした。

占いのお客さんって、9割以上の方が半信半疑でいらっしゃいます。僕がどういう人間なのかわからないし、「自分のプライベートな事情を話して、なにか言われる」なんて場面は、ふだんの生活であんまりないわけだから。

お客さんとあれこれ話をしていると、さまざまな悩みが顔を出しました。悩みの出方には、本当に個性があるのです。

こちらがまぁまぁ安心できる人間だとわかってくれたときに、動物が岩場の陰から顔を出すように、ひょっこり現れる悩み。

あるいは、玄関を開けた瞬間から泣きじゃくって登場する悩み。

あと5分で鑑定終了なのに、最後に笑いながら「じつは私、離婚するんです。今日は楽しかったです。ありがとうございました」と急に出てくる悩み。


占いをやっていてもそうですが、ふだん生きている中で、「この人がこういう悩みを抱えている」なんて、外見からまったく予測ができないし、数時間話してみたところで、その人が持っているものなんて、なんだかよくわからないものです。

悩みと仲よく喧嘩する

悩みって不思議で、「解決しようとしてくる人」の前には決して姿を現しません。

そのような場所に出てくるものは悩みではなく、課題。「どんな戦略を練ったら売上げが伸びるか」とか「私の性格をどのように改善したら、もっとモテるのか」とか。

課題には前進してゴールを目指すアグレッシブさがあります。でも、悩みはもっと恥ずかしがり屋だし、基本的に後ろ向きだし、その上で、相談する相手をすごく見ています。

僕は、自分が占いという商売で食べていける技術があるかどうか、などという個人的な事情はさておき、「その人とともに生きてきた、大切な同居人」である悩みに会えることを楽しみに仕事をしてきました。

悩みによってその人のことがわかりますし、悩みに対する距離感で、その人の生きる姿勢、強さ、寛容さ、そして、いい意味でのいい加減さも教えられました。

とても誇り高い悩みもあって、「この人はもう、この問題を長く持ち続けてはいけない」と、悩みのほうから同居計画を解消し、その人のそばから出ていく――なんてこともありました。

もう少し、僕の話をさせてください。ドン引きしないで聞いてほしいのですが、占いを始める前、10代のころから、僕は毎日、自分の悩みと喧嘩をしていました。

僕の悩み「なんでおまえは勉強できねぇんだよ」
僕「うるせー。こんなつまんねーことやりたくないっつうの。何が楽しくて鶴と亀の足の数を計算しなきゃいけないんだよ。放っておいてやればいいじゃないかよ」
僕「なんでこんなに運が悪いのか。腹立つわ。どうせダメなら期待なんてさせるんじゃないよ」
僕の悩み「うるせー。お前はよくやったじゃねぇか。潔く負けて、〝名誉ある就寝〟を選びなさいよ」

ときどき励ましてくれる悩みもいて、10代と20代のころには、実家の近くに「悩みとの喧嘩コース」があり、缶コーヒーを片手に悩みと言い争いをしながら歩くのが日課でした。
いつからか、「自分の人生なんてどうなるかまったくわからないけど、こいつ（＝悩み）と真剣に、一生かけて喧嘩をしていけば、けっこうおもしろいことになるんじゃないか」と感じはじめました。

闇の中でもがくことが、なぜ大切なのか

なぜ、人は悩むのか。
それは、プライドがあるからです。

「ここだけは引けない」というプライドがあり、「こんな自分を許せない」と思うプライドがあり、他人から見れば取るに足らないことでも、どうしても譲れないプライドがある。そして、プライドがうまく解消されないと、そのプライドは「悩み」となって、いつのまにかあなたの心の片隅に体育座りをしています。

悩みはちょっとしつこいときもあるし、疲れているのに喧嘩をふっかけてくることもあるし、そして「お隣の○○さん、インスタグラムの〝イイね〟数があなたよりも多いみたいよ」とたまに余計なことを教えてきたりもします。だけど、誰よりもあなたが幸せを感じていけるように、いろいろと一緒になって考えてくれるやつなのかもしれないです。

この本は18のカラー心理学によって「光サイド（ポジティブな自分）」と「闇サイド（ネガティブな自分）」を明らかにし、「自信をなくしたとき」「悩みのドツボにハマったとき」、どう自分を守り、自分らしさを取り戻し、明日を見ていけるかについて書きました。

読み終わるころに、悩みの見方が変わることがあったり、相変わらず憎らしいやつにしか感じられなかったとしても、「もうちょっとこいつと喧嘩をしていってもいいかもしれない」と思ってもらえたら、筆者としてこれに勝る喜びはありません。

自分なりに戦ってきた人、あるいは、なんとかしようともがいてきた人は、いい結果が出ないときに当然凹《へこ》んでしまうし、ネガティブになるでしょう。

でも、結果も大事かもしれないけど、「もがいた日々」「自分の出し方がうまくいかない。どうしたらいいのかわからない日々」「自分なりに精いっぱいやった日々」「最後は怖くなって逃げてしまったけど、もうちょっとこうすればよかったという後悔の日々」など、一生懸命向き合った日々があったことを忘れないでください。

未来なんて勝手につくられていくんだから。

未来よりも大事なことは、今日まで一緒に戦ってきた自分自身や、自分とともにあった弱気なネガティブ、そして、ぶつぶつ言ってくる悩みを見下したり、汚したりしないこと。

「私なりによくやったよ」と1割のフォローは忘れないこと。負けることがあっても、いい顔つきでいる人って、けっこうカッコイイから。

今日からもまた、きちんと自分の中のネガティブとつき合っていきましょう。もちろん、ときどきはちゃんと無視をしたり、気晴らしに出かけたりしながら。


しいたけ．

PART I

18カラー別「ココロの守り方」

1 「真の自分」を深く知る

2 あなたに合った「自信回復法」教えます

PART II

「やわらかいココロ」を癒やすために

5 しいたけ.直伝！ ココロのお守り しなやかに、強くなる

PART I

「ココロの守り方」

しいたけ．のオリジナル占い
「カラー心理学」。
18の色の組み合わせが
「あなたらしさ」を形づくっています。

自分をもっと掘り下げてみると、
あなたの意外な「光」と「闇」が
見えてくるでしょう。

18カラー別

1

「真の自分」を深く知る

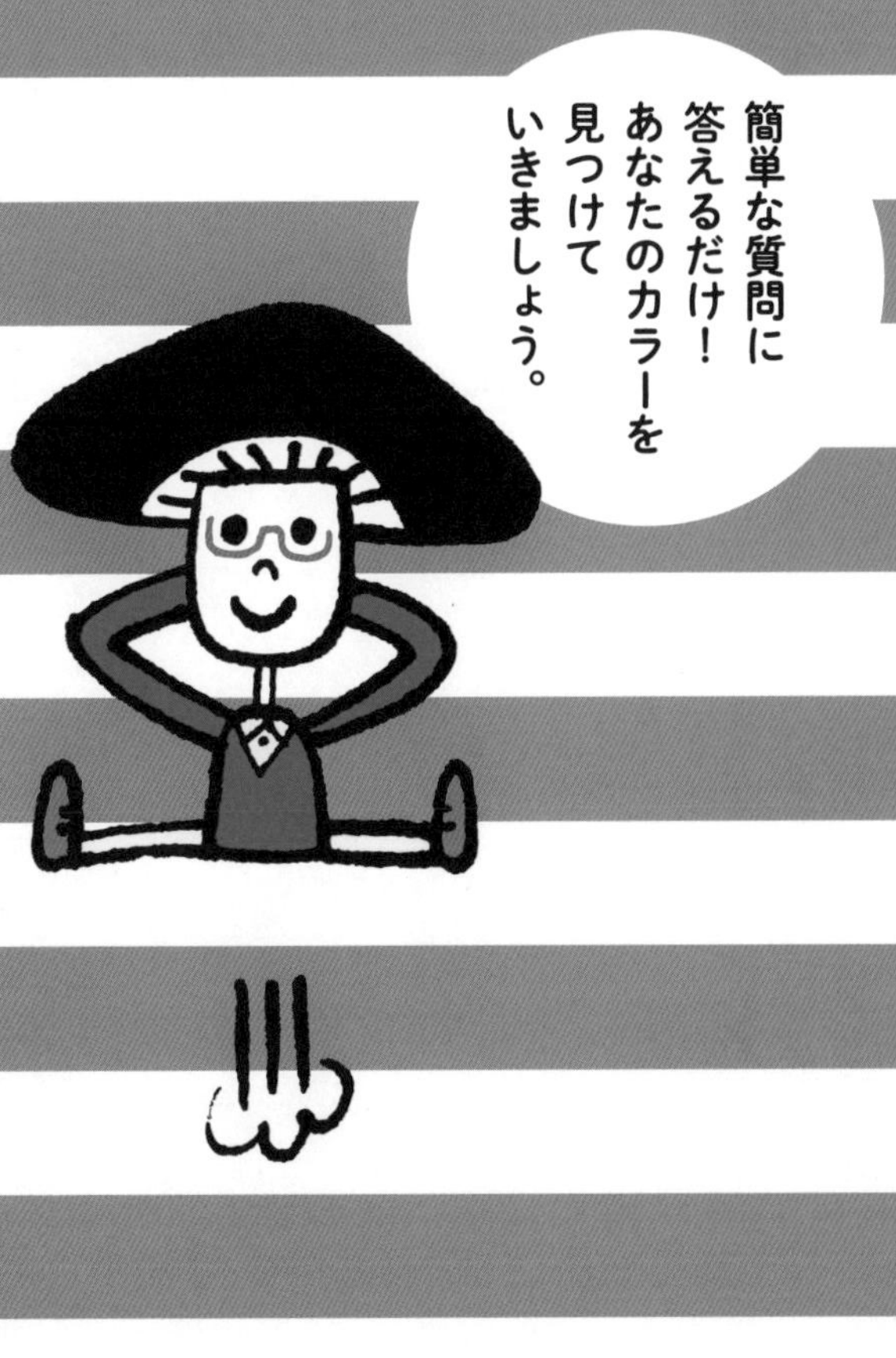
簡単な質問に
答えるだけ！
あなたのカラーを
見つけて
いきましょう。

CHECK !

自分のカラーの調べ方

19 ～ 27 ページにある各項目をチェック。自分に当てはまる項目の合計を右上のボックスに書き込んでいきます。いちばん数が多いのがあなたの色。同数の場合や、4 個以上が複数あれば、何色か混在している可能性があります。

しいたけ．オリジナルのカラー心理学で、あなたの中にある「隠れた自分」を発見しましょう。

1 色が複数あってもイイ

質問に答えていくと、複数の色が自分に当てはまる――ということもあるでしょう。でも、誰でも3色くらいは持っているもの。どれか強く出るカラーのまわりに、いくつかゆらめくように他のカラーが現れます。

2 矛盾している？　問題ありません

たとえば、根っから明るい「ターコイズ」と、落ち着いた「茶色」のカラーが同時に出ている人は、一見「え？　私はどっちなの？」と思ってしまうことも。その場合は、「どちらも自分」と考えてOK。人間は相反する性格を持ち、環境やつき合う相手によって引き出されるカラーが変化します。多様な自分を楽しんでくださいね。

3 時間がたてば、カラーが変わることも

今日の自分と、1年後の自分、5年後の自分はまったく違うカラーかもしれません。過去にカラー心理学で調べて自分のカラーだと思っていた色が、なんだかしっくりこなかった――ということはあり得る話です。「あ、私、成長したんだな」と思って、今の自分のほうを大切にしてあげて。

赤

個

- [ ] 感情が顔や言葉に出がち
- [ ] 人にものを勧めるときに「絶対おすすめ」と言いがち
- [ ] 意見がぶつかったときは
深夜であろうがとことん話し合いたい
- [ ] 同じ熱量で返事をしてもらえないと悲しくなる
- [ ] 背筋が伸びるような、
ドレスアップする瞬間が定期的に欲しい
- [ ] 仕事でもプライベートでも、
やる気がない人たちが苦手

ピンク

個

- [ ] 話の内容に家族のことが多い
- [ ] かわいいものを見ると顔を近づけたくなる
- [ ] SNSの投稿は手づくりのお菓子や家庭料理などが多い
- [ ] 正直、どこまで人を好きになっていいのかわからない
- [ ] 親友がいつか離れていったらどうしよう……
という漠然とした不安がある
- [ ] 「重い」と言われてショックを受けたことがある

オレンジ

個

- 行動力に自信がある
- つらいことがあったら、耐えるより違う道を検討する
- どんなに恵まれていても
  3年単位でリセットしたくなり、転職もいとわない
- 悩みがなさそうとよく言われる
- 答えは出ているのに、
  ズルズルと現状維持な人たちが苦手
- 古くてイケてない組織のルールに
  うんざりすることが多い

黄色

個

- 会話の中心になるより、ガヤ席で盛り上げるポジションが好き
- 「この人は多少ふざけても怒られないかな？」と
  接する相手の様子を見る
- お腹が減ったり眠くなると機嫌が悪くなってくる
- 恋人になると言いたいことが言えなくなってしまう
- じつを言うと、自分が
  責任者になる仕事はあまり引き受けたくない
- 大人数の場にいると顔色を見すぎて、
  帰宅後はぐったりしてしまう

ベージュ

個

- 「こだわりがあるよね」と言われる
- お店をやったらいいんじゃない？　と言われる
- 雑な人がひどく苦手
- そんなことないのに「厳しい人」と
思われて落ち込んだことがある
- 自分の趣味について最後まで
聞く気がないなら興味を持たないでほしいと思う
- 恋人との生活や、性に関する話を
他人の前で話すことに抵抗がある

緑

個

- よく道を聞かれる
- いい奥さん（旦那さん）になりそうと言われたことがある
- よく店員さんに注文を無視されたり、間違えられたりする
- 本当は着てみたいけど、
キャラじゃないからと遠慮している服装がある
- 仲よしの男女グループはあるけど、
なぜか恋愛対象として見られない
- 頼られるのはうれしいけれど、
頼みやすいだけなのかな……と感じることがある

エメラルド

個

- ▢ クールに見えると言われる
- ▢ 見かけ以上に硬派。筋が通っていない人は大嫌い
- ▢ 渋すぎる趣味を持っていたり、隠れオタクなところがある
- ▢ 職場では、自分の本当の姿を見せていないと思う
- ▢ 大人になってからの恋愛経験が意外と少ないのがコンプレックス
- ▢ まわりは適度な距離感で接してくれるけど、じつはもっと頼られたい

青

個

- ▢ 食事とファッションにはお金を投資していきたい
- ▢ ムードのあるいい雰囲気のお店が好き
- ▢ リサーチ好きで、計画を立てるのが得意
- ▢「はじめは怖い人だと思ってた」と言われがち
- ▢ 恋人への理想は高いほうで、ある程度スペックも大事
- ▢ 準備してきたことを発揮できないとけっこう落ち込む

水色

個

- ☐ 気をゆるめられるのは自分の部屋の中だけ
- ☐ オンラインで知り合った友だちや知人を大切にしている
- ☐「もう帰ってもいいですか？」が心のログセ
- ☐ 気をつかっているほうなのに
「もっと協調性を」と言われるのがつらい
- ☐ 長時間の集団行動が苦手
- ☐ プライベートのことは
あまり聞かれたくないし、話さない

ターコイズ

個

- ☐ 冬の間は夏を待ち焦がれている
- ☐ すぐ友だちになれる
- ☐ 露出多めの服が好きで、基本薄着
- ☐ ダメな人間との恋愛も多数経験してきている
- ☐ 本当はすごくさみしがり屋だけど、
キャラじゃないので隠している
- ☐ 落ち着いた恋愛をしたいけど、
なぜかワルい人に惹かれてしまう

シルバー

個

- 定番の服装がある
- 「システム」や「効率化」という言葉に引かれる
- 高額だけどいつか手に入れたい「欲しいものリスト」がある
- 頼られると親切にするが、営業時間内に限る
- 職場のルールに
押しつぶされるぐらいならひとりで仕事したい
- 過去に喧嘩をしたことがあるなど、
共演NGのような知り合いがいる

白

個

- じつはかなり潔癖で、シミュレーション魔
- 仕事ができない年上の人に厳しい
- 失敗はしてもいい。
頼ってもらってもいい。でも、反省や改善がない人は無理
- 同窓会などで旧友同士つるむのが苦手だが、
そもそも呼ばれないことが多い
- 過去の人間関係の多くを、
静かに切ってきた自覚がある
- 大きな声では言えないが、少し霊感がある気がする

紫

個

- □ 歴史にどうしても惹かれる
- □ 先輩、後輩など上下関係を大切にする
- □ 受けた恩を返し、次の世代へバトンを渡していきたい
- □ 飲み会が好きで、2軒目、3軒目も行ってしまう
- □ 尽くしすぎた結果、
人間関係で痛い経験をしたことがある
- □ 見返りを求めてはいけないと思いつつ、
お礼がないと気にさわる

ネイビー

個

- □ ミッションをクリアすることが生きがい
- □ 休日に体を鍛えるなど、ストイックな面がある
- □ チームワークを優先すべきだと思う
- □ 正直、「休み方」がわからない
- □ 厳しすぎたのか、
後輩のメンタルを折ってしまった経験がある
- □ 仕事が大変なときほど、
大切な人にも弱みを見せられなくなってしまう

茶色

個

- □ 何事にも心を込めることを大切にしている
- □ 手帳やメモに、予定や思ったことをたくさん書く
- □ ほわーんとした素朴な人に見られやすいけど、じつは責任感がとてもある
- □ 大丈夫じゃないのに「大丈夫です」と言ってしまうことがある
- □ 急に自分のミスを指摘されたりするとパニックになりがち
- □ 効率的にやろうと思ってもうまくいかないことが多く、落ち込むことがある

森の色

個

- □ ファッションがかなり我流
- □ 空想好きで、集中すると寝食を忘れる
- □ なにかの強烈なファンで、好きな分野に関しての行動力が高い
- □ ペンネームで呼び合うような、趣味友だちが何人かいる
- □ 推しているものをバカにされると絶対に許せない
- □ 大好きなものや推しがいなくなった世界を想像すると本気で血の気が引く

黒

個

- □ 何日引きこもっていても平気で、ひとりの時間がないと死ぬ
- □「変わってるね」と言われるとうれしい
- □ 目を見て話すのがやや苦手
- □ 突然、人間関係をブロックしたくなることがある
- □ 常識がない人間であることを自覚しているけど、どうにもならない
- □ 人の説明を聞かずに、マイルールで押し通してしまうことがある

金色

個

- □ 思い立った翌日にニューヨークなどの海外に行ってしまったりする
- □ イチかバチかのような選択や、奇跡を感じるような経験がある
- □ 大勢の人の前で自分の話をしたり、思いを伝えることに抵抗がない
- □ 自分が大切にしている価値観を共有できないときに、部下を切ることがある
- □ 不幸なニュースを見ると、自分が世界を変えなければと思ってしまう
- □ 自分についてこられなくなった昔の知り合いは多いと思う

ここではいよいよそれぞれのカラーが持つ

「光サイド」

と

「闇サイド」

を明らかにしていきます。

「光サイド」は、ポジティブで絶好調の側面。
この部分を200%活かせるとあなたはますます飛躍することができます。

「闇サイド」は、ネガティブな側面。
自信を失わせ、ときに人生の停滞期をもたらしますが、
同時にあなたにもっとも大切なことを
気づかせてくれる存在でもあります。

さっそく自分のカラーを見ていきましょう！

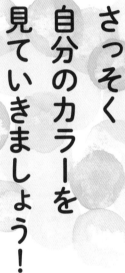

赤

圧倒的な情熱とパワー

光サイド

勝気で華々しい王者——というのは、まさに赤のカラーの人のためにある称号。面倒見がよく姉御肌、どんなことに対しても高みを目指し、そこにいたるために努力は惜しみません。グループの輪の中でまっさきにリーダー役を担うのは赤の人。外見も目鼻立ちがはっきりしていて華やかなタイプが多いのも特徴です。

自分の考えをはっきりと言い、誰にも邪魔されずに自分の軸に忠実に生きているときがもっとも調子がよいとき。追い風に乗っている赤の人は、落ち込んでいる人を見つけては「ん？　どうした？　今日は私がみんなを集めておくから飲みにいこう！」とどんどん周囲を巻き込んで、持ち前のパワーを存分に分け与えていきます。

自分が認めた人には200%の愛情とサポートを惜しみませんから、まわりから慕われていることが多いはず。なによりも赤の人の原動力になるのは、自分が目をかけてきた人から「○○さんのおかげで私は輝くことができました」と貢献を認められるひと言です。

闇サイド

赤のほとばしる情熱が行きすぎたときに、闇サイドが忍びよります。負けず嫌いでどんな強い相手にも果敢に立ち向かっていける人なのですが、逆に自分が味方だと思っていた人にやる気のないそぶりを見せられたり、冷めた手抜き発言をされたりすると、一気に落ち込むことに。とくに自分の思い入れが深い話に対して「へ～そうなんだあ～」なんて軽く聞き流されたり、一生懸命がんばってきた分野に関して「そこまで熱くならなくても。大人はみんなテキトーにやってるのよ」などと言われたりすると、戸惑いを隠せなくなります。自分と同じ目線でがんばってきたはずじゃないか……、この人だけは私に共感してくれていると思っていたのに……。そんな思いがうずまいて、足元が見えなくなりがちです。

そもそも赤の人は努力家で成功体験が多いゆえに、自分の発言や考えを否定されてきた経験が少ない人です。人から多少軽くあつかわれたと感じると、やや根に持ちがちです。

ログセ　絶対こっちのほうがいいよ！

ピンク

大好きな人がいてこそ輝く

光サイド

派手さはないけれど、かわいらしい雰囲気をまとい、みんなのサポート役をいとわない。いつもふんわりした空気をまとってニコニコしているから、誰もが愛さずにはいられない――それが典型的なピンクの人です。

大人になったらもっと自分を高めて広い世界に出かけていきたい、というようなガツガツした上昇志向にはほど遠く、子どものころから慣れ親しんだ地元や身近にいる人を大切に守っていきたい人なのです。長年の仲間を大切にし、誰よりも愛情深い関係を築くのが得意。それがピンクの最大の才能だといえるでしょう。

ひとりになることが苦手でいつも誰かにそばにいてほしいさみしがりやさんだけど、だからこそ甘え上手で、かわいがられ上手です。

友だち同士でも、よく気が利き、面倒見がいいタイプ。落ち込んでいる人を見つけたら、そっとそばに寄り添ってお菓子を差しだし、「これおいしいよ？」なんて気配りするのはピンクの大切な役目。

闇サイド

「人にかわいがられる天使」が反転するときに、闇落ちしがちです。たとえば、「あー、ちょっと忙しいから○○さんのほうでやってくれる？」と突き放されたとき。孤立無援で誰もそばにいないとき。リーダー不在のまま、大切な決断をしなくてはいけないとき。そんなときにピンクの人は不安で泣きたくなってしまいます。

自分がよかれと思ってチームのみんなに世話を焼いた。全員がハッピーになれると思っていた。ところがその気づかいに対して感謝されるどころか、「あー、それって今、ちょっとやめておいてほしかったな……」なんて言われた。私の愛情はみんなにとって必要なかったのだろうか？ ――そういう思考回路におちいったときは危険信号。ピンクのメンタルが弱っているときです。

一度の「注意」が一生のダメージになってしまうことも。自分は誰にも必要とされていない人間だと思い込んで、どんどん自分で傷口を広げていきがちです。

ログセ 私、みんなに合わせるよ！

オレンジ

ピカイチの嗅覚で動いていく

光サイド

楽しいことへの嗅覚がピカイチ、直感をもとにフットワーク軽く行動できる陽キャラ——それがオレンジの光サイドです。行動力は18カラーの中でも群を抜いて高く、「ガハハハ、まあ、やってみようよ！」と高笑いして、あまり深く悩みすぎません。

悩んだって解決しないとわかっているから。とにかく、手を動かし、足を運び、イチかバチかのチャレンジをいといません。

明確なスタイルや哲学に従って行動するよりも、そのつど「あ、なんかおもしろそう」という方向や人間関係に流れていくタイプ。ひとつのことにこだわりを持つよりも流れに身を任せることができる人。失敗だって笑い話にしちゃう、そんなしなやかなメンタルの持ち主です。

その臨機応変な問題解決能力の高さから、仕事などでは抜群の生産性を誇ります。困難なことが起こったときも、「まずは自分がやるべきことがある」と、行動によって解決していくことが得意です。

闇サイド

とにかく親しい人が不幸になるのを放っておけません。親友がどうしようもないダメんずにボロボロにされたとか、親戚が詐欺に遭って多額の被害を被ったとか……。問題解決能力が高いだけに「なぜもっとこうしないんだろう？」「もっとこうすればよくなるのに」と頼まれてもいないうちから解決策を出したくなったら赤信号。いらだち、歯がゆさ、自分が矢面に立てない無力感などから、法律の勉強を始めたり、社会活動に精を出したりする側面も。人や社会の役に立とうとするのは素晴らしいのですが、その反動でメンタルが乱高下したり、自分の生活がおろそかになっては元も子もありません。

元来「なんでもソツなくこなせてしまう」オレンジだけに、「器用貧乏すぎて自分がない」「人のことにかかわりすぎて、自分自身何がしたいのかわからない」状態におちいりがちです。「自分は自分、他人は他人」という気持ちを強く持ち、人のトラブルにかかわりすぎないこと。それが、みんなを幸せにすることにつながります。

ログセ　とりあえずやってみよう！

黄色

永遠の無邪気さ

光サイド

黄色の人がノッているときのキーワードは「今、この瞬間」。感受性が強く、よくも悪くも「あっ、これおもしろいな」という方向へ抜群に鼻が利く人です。自分にとって「ワクワクすること」「楽しいこと」を養分にしながらいつも「その先の世界」を空想しています。黄色の人の原風景は子どものころに初めて見た景色や、初めて体験したこと。大人になれば当たり前になってしまうことや、視野が狭くなって新鮮さが薄れてくること、そして多くの人が忘れてしまう「無邪気さ」を、黄色の人は鮮明に保ち続けています。自分でも予測がつかない自分自身をちょっともてあましているところもあるくらい。人間関係もサバサバしており、自分と同じくらい相手にも自由気ままでいてほしいと望みます。

これだけ聞くと、非常に新しいもの好きという印象ですが、心の中は意外と保守的。子どものころに好きだと感じたものを、大人になってもずっと守り続けるような純粋さがある人。それが黄色の愛すべき特徴なのです。

闇サイド

上がるときは怖いものしらずの絶好調ですが、その分、アップダウンが激しいのが黄色の人の特徴。みんなと一緒に盛り上がりたいパーティガールでもあるので、やや周囲の顔色を見すぎて、引きずられてしまうことも。

また、意外と周囲に気づかいながらはしゃいでいるフシもあるので、「嫌われたくない」「みんなと一緒にやりたいのに、なんで○○さんはできないの？」などという、ちょっとうらみがましい気持ちが出てきたときは要注意。黄色の人の純粋な感情が先走りすぎると、思いつきでものを言って後悔したり、子どもっぽい発言と取られてしまうかもしれません。ガヤ席でわちゃわちゃしているのが大好きなので、そのポジションを遮られるととたんに意気消沈します。「あっ、なんかつまんないな……」というわけです。好き勝手に自由にしていたいのですが、自分でなんでも決めるのが苦手。「あなたなにも責任取ってないじゃない」と言われると、なにも言えなくなってしまいます。

ログセ　なんかおもしろいことないかな？

ベージュ

静かなこだわり屋さん

光サイド

ベージュの人の最大の特徴は「ぶれない自分軸」。仕事においても趣味の世界においても、はっきりとした自分の好き嫌いを持ち、人との交流から刺激を受けるより、自己の内面と向き合うことを優先します。大勢で話題のスポットに出かけるより、長年通っている自分だけのとっておきのお店を大切にする。ひとりでいることに抵抗がなく、静かにお気に入りの本を読んだり、映画を観たり。幼いころから、どこか大人びた中性的な雰囲気をまとっているのもベージュの人ならでは。

人間関係においても、友だちを選ぶ基準がはっきりしています。「利害が一致していれば誰とでも仲よくなれちゃう」タイプではなく、「こだわりの領域が似ていて、心の奥深くでつながれる親友のような人。お互いに干渉しすぎず、放っておける柔軟さがある人」と狭く濃密な関係を築きたいと望みます。

ひとつのことをとことん追究できる能力がピカイチなので、ぜひこの才能は大切にしてください。

闇サイド

光サイドの「徹底したこだわり」が、「潔癖」という形で周囲を寄せつけなくなることに注意してください。たとえば、ベージュは哲人のような思考力から「世界が抱えるさまざまな悲しい問題点」を我がことのように引き受けてしまうところがあります。

それはベージュの人の持つポジティブなやさしさであり、生きていく上での原動力になっているのですが、行きすぎると身近な人が見えなくなったり、大事な人からの助言が耳に入らなくなったりして、どんどん「自分だけの世界」に入り込みすぎてしまうことがあります。そこが負のスパイラルの始まり。無力感から自己肯定感が下がり、いったい自分が情熱をもって取り組んできたことは、役に立てているのだろうかという疑念が頭をもたげます。

そういうときに、「○○さんのそのこだわりって、本当に必要?」なんて、自分のやってきたことに水を差されると、必要以上に落ち込んでしまうことがあります。

ログセ　納得いくまでこだわりたい

緑

やさしい包容力

光サイド

　とかく声の大きい人が目立つ今の時代において、もっとも貴重な才能を持つのが緑の人。その最大の特徴は「人を縁の下から支えることをいとわず、じつはグループ内でいちばんの人望を集めること」です。

　みんなが困っているときやギクシャクしたときなどにさりげなく「これって○○したら、よくなりそうだよ」とか、「ちょっと手伝えるよ、相談に乗ろうか？」なんて相手に声をかけることができる。

　大らかでなんでも受け入れてもらえそうな気がする――周囲の誰もが、そんな緑の人の包容力に助けられたことは一度や二度ではないはずです。

　人柄のよさがオーラとして現れているので、初対面の人にも必要以上に信頼されたり、頼られたりすることもしばしば。相手の空気を読むことも抜群に上手なので、自然と「つかず離れず」の心地よい雰囲気づくりができる人。そのやさしさと、ときに泥臭い実直さをどうか大事にしてほしいのです。

闇サイド

　究極のお人好しともいえる緑の人ですが、一方で「利用されやすい」リスクも大きいです。肉食動物のようなギラギラした人が寄ってきて、あなたにあれもこれもと要求するかもしれません。怪しげな契約の話を持ち込まれたり、大変な責任を背負わされそうになったり。そんなときでも「ぬぬぬぬ～～この私をだましたな～（怒）」とならないところが緑の人。「あの人も大変なのかも」と敵にまで必要以上の同情心を発揮して自分のことがおろそかになってしまいます。最後に「あなた、それって友だちだと思われていないよ。相手に利用されていたんだよ」と周囲の人に告げられ、ハッと気づいたときのショックたるや……。

　緑の人にとって「誰かに必要とされている」実感こそが生きがいなのですが、その分、自分が傷ついていることに無自覚なのがネック。落ち込んでいるときは、ネット通販で爆買いして発散するような依存的な行動が目立ちますので、そうなっているときは要注意。

ログセ　みんなのためなら、がんばるよ！

エメラルド

孤高の美学で生きている

光サイド

群れるのが苦手な研究者肌。自分が思う「美学」を追究する孤高の人。それがエメラルドの人の光サイドです。どこか浮世離れした品のよさ、感性の高さを身につけており、ちょっと近寄りがたい雰囲気をまとっている人が多いです。

ともすれば「オタク」というひと言で片づけられてしまうこともありますが、エメラルド当の本人は、「自分が美しいと思うものを集めていたらこうなった」という当然の帰結でもあります。

「私、怠け者なんです。休日なんか、1日中ゴロゴロしていますし」なんて言いながら、一方で大事な仕事の前には徹底的に資料を読み込み、関連情報を調べ上げ、「私に任せてもらえたことなんだから200％のクオリティで仕上げないと面目が立たない」などという究極の美学を内に秘めています。

自分の情熱をあまり人にアピールするのをよしとせず、独立独歩でやりたいタイプ。

闇サイド

そのまっすぐな完璧主義が、裏目に出てしまうことがあると注意してください。これは性分だから仕方がないと受け入れてほしいのですが、たとえば美容院に行ったとき。あともう3ミリ切ってもらえれば、自分の思った感じになれるかも。でもああだこうだ言って面倒な客だと思われたくないし。仕事でも、本当はこうしてほしかったのに、こうなっていないことが最後まで気にかかる。でも、こんな些細なこと、言ってもしょうがないし――。こうした「モヤっと感」「矛盾したこじらせ感」は、つねにエメラルドの人につきまとう消化不良です。

それに、モヤモヤ不満を抱えている自分に必要以上に落ち込んでしまうのもエメラルドの人の悲しいサガです。メンタルが下がると人との関係性を断って、家の中から一歩も出てこないことも。もともと人を寄せつけないオーラがある人なので、「なんかもう、人間関係とか面倒くさい！」という極端な発想が加速してしまうのは避けたいところ。

ログセ　見た目で判断されがちなんだよなぁ

青

努力が実を結ぶ人

光サイド

青の人の光サイドをひと言で表すと、「努力の人」。より理想的な状態を目指し、自己研鑽に余念がありません。ファッションなども隙がなく、メイクにも手を抜きません。お気に入りのお店にもハイブランドや高級店がラインナップ。実際に足を運び、調査を欠かしません。こういったことは青の人がより高みを目指すためのひとつの武器なのです。

とはいえ、日常的な人間関係では適度に自分をゆるめ、「○○さんとのごはんは気楽なお店で食べるのがいちばん落ち着くね」などと絶妙な「気の抜きどころ」を知っている人でもあります。そのセンスのよさ、生来のスマートさから、とくに職場の上司や得意先の年上の人などに、かわいがられることも多いと思います。

周囲の人から努力を認めてもらうフィードバックが青の人のエンジンになり、人生のモチベーションにつながる「成長の塊」です。

闇サイド

そもそも何が青の人をここまで努力させるのかというと、ひそかに抱えているコンプレックスが垣間見えます。じつは昔はそれほどイケてなかった、あまり注目される人生を送ってこなかった……という自分なりの「すねに傷」があったりして、より自分を理想型に近づけたいという期待につながっているのかもしれません。

ですから、自分の努力に対して「○○さん、すごいね～」「なんでもセンスいいのね！」という褒め言葉や承認が得られないと、激しく自信を喪失してしまいます。

ＳＮＳなどにも熱心で、落ち込んだときにはますます投稿数が増える傾向にあります。そこでちょっと気に入らないことを言われたときに、あまりやっきになって言い返したり、仕返しをしようと思ったりしないこと。主観や自分のロマンに重きを置くがゆえに、感情に支配されないことがポイントです。

相手の気持ちや状態にも思いをはせ、少し心の余裕を持つようにしてみるとよいバランスが取れてきます。

ログセ　日々成長していきたい

水色

つかず離れずが心地いい

光サイド

水色の光サイドは「マイワールド」にあります。見た目はおとなしそうで、線が細い。「この人、大丈夫かな？ちゃんとごはんとか食べてるかな？」というはかなげな雰囲気を保ちつつも、じつはお腹の中にしっかり毒っけを抱えています。それはまったく悪いことではありません。みんなでワイワイ楽しく盛り上がる「社会生活」にはあまり興味がなく、静かに輪の中に溶け込みつつ考えていることは「あー、早く家に帰って、好きなゲームざんまいしたい……」ということ。

会社の同僚だというだけでつるんだり、相手に無理に合わせて体力を浪費するようなことが極端に苦手な合理主義者なのですね。18カラーの中でも「こだわり」の強さは1、2を争いますし、自分の持ち物にも強いクリエイター色を求めます。

強烈な個を持った表現者たちと同じ目的を共有しながらいい距離感でおつき合いができ、お互いに好奇心を刺激されるいい関係が保てるでしょう。

闇サイド

マイペースさが強みの水色ですが、その真意は「私は誰にも干渉しないし、誰にも多くを期待しない。自分で気ままに生きているのがいちばんいいのに、なんでみんなそうしないの？」なのです。

あまり親しくもない人から馴《な》れ馴れしく話をされたり、無駄な作業を図々しくお願いされたり……そういう自分にとっての非合理な出来事、理不尽なアクシデントが起きると、「邪魔されている」「過度に干渉されている」というイライラがつのり、急激にテンションが下がります。

もともと水色の人は自己評価が高く、「本気を出せば高いパフォーマンスを出せる」。だけどそうしないのはあえてマイペースを保つためなのだ」という論理をもとに生きているため、人間関係も省エネ傾向にあります。それでも社会が回っているのは、まわりの人たちがあなたに気をつかって、人間関係のメンテナンスをしてくれているから。まわりの人たちの事情にも思いを寄せてみると、少し気持ちに余裕が持てるようになります。

ログセ　あ、ひとりでやるんで大丈夫です

ターコイズ

生粋の南国育ち

光サイド

ターコイズは生粋のパーティ好き。太陽とビーチ、明るい音楽にダンスが似合う南国の人。習慣的な秩序が心の安定をもたらす人もいますが、ターコイズに限っては正反対です。冒険とファンタジーに満ちあふれた世界をのぞいてみたい！　そういう欲求に突き動かされて、永遠の旅を続けているような人。喜怒哀楽の表現がはっきりしており、リアクションが大きく、コロコロ変わる表情に周囲のみんなが笑顔になってしまいます。

面倒見がよく、言いたいことがはっきり言えない人にも積極的にからんでいって「もっともっと自分を前に出しちゃいなよ〜」と背中を押してあげる明るい包容力が魅力。弱っている人やさみしそうにしている人を放っておけないのです。

何人かの友人を招いてパーティを……となるとまっさきに世話役を引き受けるのはターコイズの人。持ち前のサービス精神で、みんなを引っ張っていくリーダーは、ターコイズに任せて間違いないでしょう。

闇サイド

光のパワーが強いターコイズですが、それだけに闇を引き寄せて傷つきがちな側面があります。

どうしようもない人を放っておけなかったり、借金を抱えて困っている友人をなんとかしようと奔走したり……。でも、結局「ああ、あなたってそんな人だったんだ……」と失望することも多くて、そのたびごとに自分への疑念がわいてしまいます。ダメな人をかまう↓傷つく↓自己不信、という無限のループに入っているような気がしたら要注意。

どんな人間関係も自分が成長するための重要な肥やしと考えて、無邪気な明るさを忘れないようにすることがポイント。

また、はっちゃけた人として、みんなの面倒を見るのもいいのですが、少しだけ「誰か特定の人と、じっくり時間をかけて語り合う時間をつくる」という気持ちでいると、バランスが取れて心に余裕ができると思います。

ログセ　夏が終わらないでほしい

シルバー

好きなことにとことん没入

光サイド

18カラーの中でもトップクラスの合理主義者であるシルバー。自分の中の論理や、長年の経験により導かれたルールがあり、それに従って生きています。まったく見向きもしない分野がある一方で、「なんで、○○のことを私に聞かないの？　ちゃんと検証したの？　なぜそう言えるの？」と前のめりで語り始める分野が分かれているのです。冷めて見られがちなシルバーの内なる情熱を垣間見る瞬間です。

他人に自分の領域に踏み込まれるのを嫌うため、自己アピールはかなり苦手ですが、その知識やスペックの高さはピカイチ。どんどん興味の分野を深堀りしていくことで、世界を広げていきます。

他人に対しても喜怒哀楽の表現が乏しく「塩対応」と言われがちなシルバーですが、じつは困っている人を放っておけない人情家の一面も。意外なタイミングで「私がやってあげる。あなたは休んでいて」と頼りになるのはシルバーの人だったりします。

闇サイド

独特のペースをかたくなに守っているシルバーだから、他人から見ると「ちょっと変わった人」。ゆえに他人から距離を置かれたり、仲間はずれになってしまうこともあったかもしれません。いわゆる「世間一般の常識」や「約束ごと」を重視する相手からは、独自のルールで生きているシルバーの人が理解不能に思えるのでしょう。そういう周囲の無理解がシルバーをがっかりさせます。

シルバーの人は、彼ら「ふつうの感覚を持った人たち」に、ときに不信感を抱き、つねにおびえながら暮らしているようなところがあります。本当は自分とは方向性も生き方も違う人とはかかわりたくない。放っておいてほしい。でもなぜか相手から絡まれたり、「ふーん、○○さんって変わってるね。私とは違うみたい」なんて軽いイチャモンをつけられたりする。そういうときにネガティブな感情が揺さぶられます。どうしても苦しくなってしまったときのために、ひとりになれる逃げ場を用意しておく必要があります。

ログセ　あ、無理です

白

純粋な心を持つ助っ人

光サイド

白は中学生のときに持っていた純粋な潔癖さを大人になっても持ち続けている人です。文字どおり、ふだんの生活でもきれい好き、整理整とん好きの人が多いですし、心理的な意味でも「自分なりの理想を描いていて、妥協を許さない」ということだったりもします。

どこかミステリアス、若いころから老成したような雰囲気がある人で、すでに10代のうちに「人生というのはこう勝負すべき」「ここは努力をすべき」などと、世渡りのコツを誰に教えられるでもなく、全部つかんでしまっています。その持って生まれた抜群の頭のよさを活かして、他人の才能を見抜き、才能ある人の長所をサポートしながら歩んでいく人生に何よりも楽しみを見出します。どこかプロデューサー気質があるのですね。

独立独歩で自分だけの道をゆく、というよりは、人との出会いによってエネルギーを獲得できるタイプ。人間関係でもアメとムチを使い分けながら、無邪気に人と接することができる愛すべきキャラクターなのです。

闇サイド

白の人の潔癖さ、純粋さが反転したときにどうなるか、そこに注意してください。頭がいい白の人だけに、目上の人がどうしても許せないようなバカなことをしでかしたり、能天気すぎる発言をしたりすると、絶望的な気持ちになってしまいます。

頭のいい中学生って、とても正論を重んじたり、大人のだらしなさを見抜いたり、気合いの足りないものを軽蔑していたりしますね。その姿勢を大人になった今も持ち続けているのが白の人なのです。

ときに「まあ、それはそれ、大人の世界なんてそんなものよね」というクールな割り切りが必要なときも、それができなくなってしまいます。もともと「こうあるべき」という人生のチェック項目が多めなので、あまりに自分の理想とかけはなれた結果になったときには注意。

理想と現実のギャップにやや神経質なくらい思い悩んで、人間関係をリセットしたりすることも。しんどくなったときは少し鈍感になる努力をしてみてもいいかも。

ログセ　みんなちゃんとやろうよ!?

紫

サムライの仁義を胸に

光サイド

紫の人からにじみ出る誠実さがまわりの人を幸せにしていることは間違いありません。人から過去に受けたご恩を大切にし、他のカラーの人が投げ出してしまいそうな苦難でも、紫の人は「なんのこれしき。私の誇りと誠実さをもってまわりに喜んでもらうのがいちばんだ」と、果敢に立ち向かっていきます。

人から相談を受けたらまっさきに解決を買って出るのは紫の人。だからといって、なあなあの関係性に甘んじることはなく「親しき仲にも礼儀あり」を実践していきます。周囲から全幅の信頼を置かれ、慕われることが多いです。年下からは「兄さん」「姐さん」として慕われ、年上からは「かわいい後輩」として引き立てられる人生です。

じつは隠れオタクなところがあって、由緒ある神社仏閣や、歴史的な名所などに興味がある人も多く、長い歴史の積み重ねに思いをはせることがエネルギーのもと。「みんな支えあって、今がある」のが座右の銘です。

闇サイド

紫の人のストイックなまでの誠実さは、行きすぎると「燃え尽き」につながります。「人生は修行」と考えて、現状よりもはるかに高いハードルを自分に課しがちだからです。

「相談がある」と言われれば駆けつけ、「困りごとがある」と聞けば問題解決に奔走する――その過程で、「自分」がおざなりになっていませんか。「私、なんのためにこれをやっているんだろう」という虚無感が襲ってきたら、少し自分を休ませてあげるタイミング。そういうときは、もう誰とも会いたくなくなったり、忙しいふりをしてすべてを遮断したくなるでしょう。

とくに、相手が身内であればあるほど、サービス精神が薄れ、ぞんざいなあつかいをしてしまうことも。

なぜか今までのやり方でうまくいっていたことが、うまくいかなくなってきたときは誰かの面倒を見ることよりも、自分の内面に向き合うべきなのかもしれません。

ログセ　恩を返していきたい

ネイビー

メンタル強度No.1

光サイド

ネイビーの光サイドはストイックなまでの「努力」です。何に対しても200%の真剣度で向き合うメンタルの強さがあるため、与えられた課題の遂行能力はピカイチです。組織や上司、先輩への忠誠心も高く、毎年自分を高め、スキルを上げていくことに余念がありません。そのため周囲からの信認も厚く、「○○さんってホントに頼りになるよ～」という評価が揺らぐことはありません。

その根底にあるのは「期待を寄せてくれた人に応えたい」というひたむきな愛なのです。ときに不器用ととられるかもしれませんが、むしろ「相手によって態度を変えて、いい加減に考えたり、手を抜くなんてありえない」とすら考えています。

ネイビーの人のどこまでもまっすぐな純粋さは大きな武器。セルフコントロールやセルフマネジメントが得意なので、仕事はもちろん、プライベートでもこうと決めたことはきちんと達成していきます。たとえ不得意なことであっても努力でカバーしてしまう人なのです。

闇サイド

ネイビーの人の「徹底した努力」は素晴らしいのですが、自分にとっては息をするくらい簡単な努力でも、他の人によっては「厳しすぎる」と感じるときもあると心得ておきましょう。まわりが何も言わずフェードアウトしたり、「私は○○さんほどがんばれないです……」と言って距離を取られたりしたときは、相手が甘すぎるのではなく、少し自分をゆるめて、周囲の言葉に耳を傾けるタイミング。

また、ネイビーの人はどんなことも努力で結果を出してしまえるため、「じゃあ、次はここでお願いね」と新しい部署に移動させられたり、いきなり新規プロジェクトに放り込まれたりします。そういうときにネイビーのピンチが訪れることが多いです。

長い時間をかけて周囲との人間関係をつくり、自分なりのやり方を確立していく人だから、今までのやり方が通用しない環境に置かれると、「私は期待に応えられているのだろうか…」と思い悩んでしまうのです。

ログセ　やるときはやる！

茶色

粘り強さが大きな実りに

光サイド

派手なことを好まず、地道な努力がやがて大きな恩恵をもたらすタイプです。コツコツと日記やメモを書き溜めており、自分が取り組んでいることへの探求を欠かしません。そういった積み重ねが、茶色の人の重要な人生の戦略ツール。

瞬発力やセンスでうまく世渡りするタイプではありませんが、どんなことも長期的に学習していく粘り強さがあります。これは茶色の人の大きな才能です。

学校や職場では、「常識的にこういう場面では言っておいたほうがいいこと」をソツなく言えるタイプではありません。ですから、少々苦労する場面があるのは確かです。しかし、自分で時間をかけて考え続けた分野で、30歳を超えてから大成する人が多いのです。他人から自分の領域に踏み込まれるよりも、自分なりに愚直なまでに考え抜きたい。そうやって導き出した答えを「それ、おもしろいじゃない」と認めてくれる人との出会いが、茶色の人にとってなによりも励みになるでしょう。

闇サイド

やさしくて穏やかなタイプである茶色の人は、そのがんばりを認めてもらえないと深く落ち込みがちです。とかく瞬発力や短期的な結果を求められがちな現代社会ならなおさら。世の中には茶色の人の味方になってくれる人はたくさんいるのですが、なかなか大変さをオープンにできず、抱え込みがちな茶色の人。「助けてください」というサインを出すことがとても苦手です。

「いえ、大丈夫です、がんばります」という言葉が染みついているところがあるので、限界ギリギリまで我慢してしまいがち。

「こんなことをしたら相手に迷惑をかけてしまう」「みんなの気分を害してしまう」「私が間違っているのかもしれないし」という思考で身動きが取れなくなる前に、ヘルプを出すのが得策です。

なんでも大ごとにしたくない、というストイックな性格が災いして、さらに自己肯定感を下げてしまわないためにも、親友や家族にこまめに愚痴を吐いてみて。

ログセ あ、大丈夫です。やれます

森の色

推しへの愛は強めで

光サイド

森の色の人のキーワードは「偏愛」。極端なまでの情熱を捧げる人やモノを心の中に持っています。芸能人、アイドル、作家、ゲームなど、いわゆる強烈な「推し」がいる生活をこよなく愛する人なのです。森の色の人にとっては「まあまあスキ」という言葉はなく、大好きなものは「100%スキ」なのです。対象との妥協なき一体化が森の色の人生に輝きをもたらしています。

興味のないことに関しては、びっくりするほど関心がありませんが、推しのことについては24時間語っていられる——そういうバランスの欠落が特徴。

自分の好きなことのためなら、どうでもいいことを効率的に処理できる頭のよさとソツのなさもあるので、仕事ができる人として評価されていることも多いでしょう。

18カラーの中でもトップクラスの集中力の高さから、ピタッとハマるものを見つけると、その分野で成功する確率が高い人なのです。

闇サイド

世界が自分の好きなものを中心に回っているので、その対象が思いどおりに楽しめなかったときに、一気に怒りが爆発したり、深い悲しみにとらわれたりします。普通なら「まあ、そういうこともあるだろうから、今回は目をつぶって」という場面でも、感情がコントロールできなくなる——。かなり強い信念で「○○というのはこうあるべき」という思いが先走りがちなので、「こういうときはどうすればいいのかな？」と、いったんまわりの意見を聞いてみることも大切です。

ときには「それって何の意味があるの？」「それのどこがいいの？」などと無遠慮な言葉を投げつけられることもあるでしょう。そんなときは、理解されない悲しみから動揺してしまいます。

本来、強固な「好き」を持っている森の色の人は、誰よりも揺るがない自己肯定感を保てる人。周囲に応援したい人、手伝ってあげたい人を見つけると、自分とまわりのバランスがうまく取れていくと思います。

ログセ　推ししか勝たん

黒

「変人」は褒め言葉

光サイド

黒の人の大きな特徴はその変人性。もちろんこれは大きな強みです。誰が何と言おうと「良し悪し」のモノサシが自分の中にあって、「これはイケる」と思ったものをとことんまでやりきってしまう。究極の美学や鋭いセンスに従って生きており、いわゆる芸術家肌と呼ばれるのは黒の人。組織の中で活躍するよりもフリーランスに向いていて、まわりとの助け合いや協調性を重んじるということよりも、独立独歩で自分の感性を活かしているときのほうが圧倒的にイキイキします。

人間関係も明らかに「好き嫌い」がはっきりしているタイプ。「これを言ったら迷惑かな」とみんなが遠慮して言えない本質的な意見も、黒の人なら恐れることなく言えてしまう。

黒の人の意見は皆から拍手喝采を受ける反面、まったく理解されずに周囲に「？？？」マークを残すこともあるのですが、あまり気にせず自分軸で生きているほうが黒の人にとっては調子がいいでしょう。

闇サイド

自分のセンスに絶対的な自信を持っている黒の人。黒の感性が誰よりも優れているのは確かなのですが、うまくそれを評価してもらえなかったり、価値を見出さない人に雑なあつかいを受けたりすると落ち込みます。

「え、私、１０００の努力をしているんですが、10しか返してくれないんですか？」という気持ちがふつふつとわいたら注意。まわりと正面からぶつかるのではなく、うまくスルーできるようになるとメンタルが格段に安定します。そもそも興味のないことはあからさまに態度に出がちですので、あなたが今まで遠ざけていた「常識的なもの」「自分のセンスとは相容れないもの」と無理に交わらなくても、共存できるところを目指してみてもいいかもしれません。

ひとつ覚えておいてほしいことは、黒のまわりにいる人たちにとって、黒の人に心を開いてもらったり関心を持ってもらったりすることは何よりもうれしいことなのです。どうかそれを忘れないでくださいね。

ログセ ひとりでこもりたい

金色

世界を股にかけるドラマ

光サイド

金色の人の生きざまはとてもドラマチック。浮世離れした思考とずば抜けた行動力を備えています。今よりもっと飛躍したい、世界に私のサポートを必要としている人がいるなら、今すぐ出かけていってできることをしたい。そういう情熱に突き動かされ、軽々と国境を超えていくようなフットワークがあります。

18カラーの中でも飛び抜けた好奇心を武器に、世界中に友だちをつくってしまうタイプ。つき合うパートナーも外国人——などということも珍しくありません。

セミナーや勉強会で知り合った友人たちとビジョンを共有し世界を変えたい、もっとたくさんの人を幸せにしたいというミッションに向けて、グイグイ行動できているときなどが金色の人のもっとも輝いている瞬間。

メディアでときどき話題になるような、イチかバチかの賭けすら笑い飛ばせる豪胆さが武器の「カリスマ社長」タイプは、金色の人。どんな致命的な失敗をしても、それすら肥やしにしてしまえる生命力の高さが特徴です。

闇サイド

気に入ったことはこれでもかというほどに入れ込みますが、いったん情熱が冷めてしまうとあっさり興味をなくしてしまう傾向が。その態度が周囲には冷酷だととられることもあるでしょう。世界を動かす仕事をするときには、自分の力だけではなく、まわりの人も巻き込んでいかなければなりません。そんなとき、みんなの耳目の中心はあなたなのです。今までは「私のルールで動いて、私さえよければよかった」かもしれませんが、まわりへの説明責任や相手の気持ちへの想像力が必要になってくるでしょう。

明らかに仕事ができる人なので、自分の高い基準をまわりにも当てはめがち。思いどおりに動いてくれなかったり、自分より意識の低い（と思える）同僚や部下に、きつく当たってしまうこともよくあります。せっかく愛情をもって目をかけてきた人たちも、挫折して離れてしまうことも。「まわりが私をイライラさせる」と思ったときこそ、「ありがとう」のひと言を添えましょう。

ログセ　世界を変えていきたい

2

あなたに合った「自信回復法」教えます

「私、この先、
どうしたらいいんだろう？」
弱ったときの
「自信の見つけ方」は、
カラーによってそれぞれ。
この章では、
ココロを回復してくれる
「目からウロコのコツ」を
ご紹介します。

赤

あてのない「プチ旅行」に出る

小さなクラスの中でも大きな会社の中でも、赤はみんなの中心にいます。昼ごはんを食べにいってても「あなた何食べる？　え、またカレー？　昨日も食べてたじゃん。こっちにしなよ。サラダもセットでついてるし」と人を引っ張ってくれる。

誰かが困っているときや助けを求めているときも必ず「なになに？　話聞くよ」と言ってくれる面倒見のよさ。逆境にくじけない強靭なメンタルも特徴です。

しかし、そんな献身的な赤がいちばんこたえるのが「無反応」。

この会社をよくしようと、自分ができる範囲で資料をそろえ、分析し、説明した。それなのに、上司に「あー、ありがとね。でも、なかなか難しいかな」と言われたきり、まったくなにも起こらなかったとき。または、自分の恋人に「ありがとう。でもちょっとひとりで考えたいんだ」と、突き離されたとき。

そういう「相手の無反応」が積み重なってしまうと、赤はどうしていいのかわからなくなってしまいます。

では、どうしたらいいか。

まず、落ち込んだときに、騒ぐことはやってほしいのです。

まわりには同じくらい戦闘力の高い仲間がいるはずです。たいてい「後輩の指導の仕方で悩んでいる」などといった、リーダーとしての悩みを持っているはず。

「自分と同じぐらいの強さを持って修羅場を乗り越えてきた戦友」の前では「これでもか」というぐらいに、いろいろなことを赤裸々に話すことができるでしょう。

「じつは私、あの人大嫌い」とか「最近流行っている◯◯。私、全然いいと思わないんだけど〜」とか、多少の悪口も「その場かぎり」でぶっちゃける。ふだん、自分の攻撃性にブレーキをかけ、まわりのために尽くしているあなただから、けっこう毒が溜まっていたりするのでは？

また、赤のカラーは大きな「華やかさ」を持っていますから、日常から離れ、少しゴージャスで、非日常を味わえる場所で食事をすることなどもおすすめです。

赤

赤の持つ「モノを見る目」を活かすのも手。元気がないときは、細部まで美的に設計されたラグジュアリーホテルのラウンジなどで、調度品を見ながら歩くだけでも背筋が伸びて元気になっていきます。

ただ、それでも疲れが取れなかったり、「私は誰に必要とされているのかな」と、自分を見失ってしまっているときは、**思いきってひとり旅をするのもおすすめ**です。人工物から少し離れ、自然を見て気持ちを癒やしていく。

ここでひとつ注意事項。

「少しの疲れ」程度の場合は、誰かと一緒に旅をしてもいいのですが、そうするとまた持ち前のサービス精神で、同行者を喜ばせるためにがんばってしまいます。

本当に疲れてしまったときは、ひとりでぼーっと行く当てもなく、電車に飛び乗ってしまうぐらいのことをやってみてください。

赤はすべてのカラーの中でもとりわけ献身的で、また、やるからには自分に対して厳しいクオリティを課します。

だから、あなたの疲れは「燃え尽き」という形で表れてしまう。そういうとき、焦って「誰が私のことを助けてくれるの？」「○○さんはすぐに連絡を返さなかった！」と極端に強気な考え方に傾かないでください。速度をゆるめて、温度を低下させ、旅先でひとり「素の表情」を出す。

変な言い方になってしまうのですが、たまには自分を燃え尽きさせてあげてほしいのです。**すぐに立ち上がらず、誰かのためだからといって無理に元気な姿を見せず、人間不信を抱えながら川の流れでもぼーっと眺める。**

おだてるわけじゃないけれど、あなたは元来、頭がいい人。落ち込んでいるときには、もうすでに自分の中で「ここはやりすぎたかもな」とか「ここは違う伝え方があったよな」とか「でも、私は私で懸命だった」とか、そういう振り返りをしているはずなのです。

全力で走りつつ、自分自身についても冷静に観察している人だから。

悲しみや切なさ、そして、「あのときはあれで限界だった」という苦い思い出を背負った人はやさしくなれます。たまにはとことん落ち込んで、強さとやさしさを兼ねそなえた人になっていきましょう。あなたはそれで十分に素敵な人です。

ピンク

行きつけのお店をつくる

ピンクはかなり「家族愛」の人です。

生まれた家庭はもちろん、親友や思い出、そして、将来の仕事などに関しても、「自分が一度それを好きになり、お世話になったものは、ずっと大切にする」という姿勢を保ち続けます。好きになったものを守り、家族のように愛することがなによりも重要なのです。

身近な人たちからも愛されキャラとして通っているピンクが自信をなくしてしまうのは、「濃密だった関係が薄まったと感じるとき」。

「信頼している」と思っていた人が、自分以外の誰かにも秘密を打ち明けていたり、仕事においても「それ、あなたが自分でやって」と突き放されたときなどに、「私は必要とされていないのかな」とモヤモヤしてしまう。

また、大事な用件のはずなのに、相手が「目を見て話してくれない」なども、些細なことですが、けっこうダメージをくらいます。

そんなピンクが自信をなくしてしまったときは。

ひと一倍我慢強いピンクのこと、「もう甘えちゃいけない。ひとりでなんとかしなければいけない」と、自分の愛する人たちを心配させないように奮闘しているのでは？　それじたいはもちろん素晴らしいのですが、あなたの落ち込みが自分ひとりのがんばりによって解決できない場合は、親などに電話をしたほうがいいです。

つまり、**「誰かに甘える」ことを、やってしまってください**。

周囲の人たちは、あなたがまっすぐで、不器用で、一生懸命尽くしてくれる人だからこそ、たまに壁にぶつかることを知っています。冷静に話を聞いてもらったり、雑談も含めてさまざまな話をすることで、気持ちが明るくなっていきますよ。

もうひとつ、ピンクにとってのおすすめは「ただいまー」と言って帰れるお店を持つことです。

ピンクの人には必ずごひいきの店というか、気のいいおっちゃんやおばちゃんが

ピンク

やっているお店があるでしょう。

そこに通い続けると「娘」や「息子」のようなポジションをゲットできるお店です。「ここに来ると、ただいまーと言いたくなっちゃうんですよ」とか「第二の故郷」なんて、多少リップサービスでもいいので、お店の人に伝えておいてください。「これ食べな」と、お店の人から肉じゃがを一品サービスされたりすることも多いでしょうね。

数は多くなくてかまいません。**あなたにとって「家族のような人たち」とか「落ち着ける場所」をいくつか持っておくこと。**いきなり仲よくならなくていいから、好きになった場所に通ってみて。

今の時代は、多くの人が「早く大人になって、自立して、自分のことは自分でやらなければいけない」という価値観を強く持っています。でも、あなたにとっての自立って「きちんとした依存関係を結ぶこと」なのです。

よかったことも悲しかったことも、誰かと共有する。驚いたこと、真剣だったこと、おもしろいと感じたこと、人生のささやかな経験を、庭先に集まって焚き火で焼き芋でもしながら話し合えるような関係。そういう「永遠の家族の原風景」を残していける人があなたです。

もしかしたら現代人は、依存することに対して厳しすぎるのかもしれません。でも、どの人も「ここがなくなったらさみしい」「この人がいなくなったら困る」という場所や人を持っていたりする。だから、協力する。手助けする。支える。支え合う。

そう、「依存」って悪いことのように言われることがしばしばですが、ちゃんとルールを保っていれば、強い愛になっていくのだから。


けっして広い交際範囲ではないけれど、ピンクは誰かにとっての家族になれる人。頼りなかったあなたが、いつの間にか誰かの姉になり、兄になり、または母になり、父のような存在になっていくでしょう。

利害関係ではなく、「なんかあったら言いなよね！　あ、そうそう、私さ、昨日すごくおもしろいアニメを発見して。一緒に観る？　たくさん犬が出てくる話なの！」なんて、カジュアルに伝えてみてください。

愛する場所や人を大切にする。それが、ピンクにとって、ネガティブからの再生の物語になりえます。

オレンジ

子ども時代の思い出話をする

オレンジはいい意味で「重さ」がまったくありません。考え方や表情が少年や少女のようだし、自分でしくみを考え、会いたい人や場所に会いにいく。人生をゲーム感覚で進め、「来年から海外に住むことになったから」と、ひとりで大事なことを決めてきちゃう。

友人にも恵まれ、人望もあり、遊びと仕事のバランスもちゃんと考える。あまり「陰の気」がないのが特徴で、自分の人生で出会うものに関して、全力で後悔のないように取り組んでいきたい人。

そんな好奇心と実行力を兼ねそなえた陽の人、オレンジが自信をなくしてしまうのはどんなときでしょうか。

それは、ある種の「硬直と無変化」に直面したときなのです。

オレンジは対人関係に関しても大らかなのですが、成長せずに同じ失敗をくり返している人、同じ話が多い人、「一緒にいても変化や成長ができない」という人と一緒にいると、自分の生命力がしぼんでいってしまう感覚を覚えてしまいます。

自信をなくしてしまったときはまず、**「1対1で話し合えばなんとかなる」**と思っておいてください。相手の懐に飛び込むこともできるし、まじめな話もできるあなただから。

目上の人に仕事などの相談をするときも、親友に近況のグチを吐くときも、自信をなくしたときこそ、1対1で話し合うシチュエーションに持っていきましょう。

独力でなんとかしていけるだけの頭脳と、実行力がある人であるとともに、あなたには「コミュニケーション」という武器があります。**人に話して、人の考えを知って、お互いの課題を共有していく。そのプロセスもきっと人生の糧《かて》になるから。**

さらに、あなたは「やっていることは変わらないけど、なんとなく最近、昔と比べて推進力や瞬発力が落ちたなぁ」と感じてしまうこともあります。それもけっこうオレンジにとっては大事な不調のサイン。そういうモヤモヤ感が出てきたら、「子ども

オレンジ

に会いにいく」をキーワードにしてください。

これは、子どもと一緒に遊ぶのもいいですし、自分の子ども時代の写真を見るとか、友だちと「子どものとき、何のアイス好きだった?」とか、話し合うのもいいです。

オレンジが自信をなくしているときって、ストレートに言えば、好奇心がなくなってしまったり、「大人の考えや常識」を自分の中に深く溜め込みすぎているとき。「ふつう、他の人たちは私みたいなやり方はしないのかな……」などという疑念にさいなまれたりして。

そういうときに「子ども」に接してみる。「子どもの部分」を自分の中に取り戻す。まわりの目を気にするのではなく、ただ好奇心につき動かされて夢中になっている子どもに接して元気をもらう。小学校の通学路を歩いてみて、そこで子どもたちの笑い声なんかを聞くだけで、「よーし、私も負けてられない」と思えるから。

オレンジは、変化のために生きています。

「今日はここまでできた。よし、明日はもっとおもしろくなるかもしれない」と思って生きている。そういう人だからこそ、「あー、これはこういう決まりなんですよね」「前例がないから……」「よそはさておき、うちではできません」などと言われると、かなり凹む。「ここまででいいよ」と、成長や変化を止める空気に出会ってしまうと悲しくなっちゃうのです。

自分の人生を全速力で駆け抜けようとする人だから、ときどき立ち止まってしまうこともあるし、いいアイデアが浮かばないこともある。

明るさ、元気、好奇心、「いろいろ考えるのが面倒くさいから、もう直接アポを取って話を聞いちゃおう」、そんな向こう見ずなところや子どもっぽさが、あなたにとっての宝物です。

まわりの人もあなたと会うだけで、「もっと子どもみたいに、自由にやってもいいんだよな」と、封印していた「子ども心」を取り戻すことができます。

だから、**あなたが持っている6歳児の精神や「おもしろそうだからやってみよう」と思える爆発力、それを大事にし続けてください。**運命の女神は、全力でやる者にのみ、人生の「豊かさ」や「奇跡」の姿を見せてくれるのだから。

たまには誰かを頼って、話してみて、自分にしかない笑顔を取り戻していってくださいね。

黄色

あえて不謹慎なことを言ってみる

黄色は人生を遊ぶために生きていると言っても過言ではありません。遊びというのは、友だちと遊ぶこと、くだらないことを言い合うこと、そして、文化や芸術などに触れたり、読書をしたり、お笑いを見ることも大好き。

そんな黄色が自信を失ってしまうのはどういうときなのでしょうか。

ちょっと変な言い方になるのですが、「うわー、大人ってこんなにつまらないの？」とショックを受けてしまったときです。あなたがよかれと思ってやったことに対して「余計なことをしなくて大丈夫」と言われたり、あなたが求めていないのに「もうあなたも○○歳になったんだから、これぐらいはできないと」と、世間の常識や一般例を押しつけられるとかなりダメージを受け、自信をなくしてしまいます。小学生ぐらいのころから、頭の固い大人が天敵なのです。

自信をなくしてしまったときはまず、スマホその他の通信網をＯＦＦにし、「暗さ」にひたる時間を持ってみてください。

黄色って、単純なキャラクターじゃないです。あなたが持っているおもしろさや陽気でユニークな性格って、まわりへのサービス精神でつくってあげているものでもあるから。

本来、黄色は暗い部分もちゃんと持っている。だから、理不尽な結末の小説や映画、単純にハッピーエンドで終わらない作品なども好き。

たまにはサービス精神の回路をＯＦＦにして、ひとりで黙々と「あー、暗い時間って最高」と言いながら、暗さを満喫する時間も持ってほしい。あなたがおちいるスランプや調子の悪さの背景には、必ず「サービス精神の疲労骨折」があります。

まわりを喜ばせようとユニークなキャラクターを演じ続ける。他人を喜ばせ続ける。元気をなくした人を励まし続ける――それができるあなたは素晴らしいのですが、自分の耐久力が落ちてきたときには、「営業時間終了です。私は知りません」とシャッターを降ろすことも必要です。

黄色

天性のエンターテイナーであるからこそ、人を愉快にさせることや、楽しいことを見つけるのが大好き。でも、1対1でのまじめな話や、自分がやってほしいことを相手に伝えるのが苦手。恋人や親友、家族にこそ、自分の伝えたいことを伝えられなくなってしまう。その結果、ひとりでがんばりすぎて袋小路にハマっていく。

そういう場面に直面した際も自信をなくしてしまいます。

本当に、誰よりもよくがんばっているのに……。

そんなときのために、もうひとつだけアドバイスをさせてください。

それは「会話のシャドーボクシング」をしてみましょう、ということです。

まず、ひとりのときに自分が話をしたい人の姿をイメージしてみる。そして、そのイメージに向かって話したいことを話してみる。相手が真剣に、かつ、笑顔で受け入れてくれる姿を想像する。それを1週間ぐらいこまめにやってみて。

それが「会話のシャドーボクシング」。あなたの中で「相手に受け入れられない恐怖」を打ち消してくれる効果があります。

また、誰かに重要な話をする前に、気軽に友だちなどに話してみて。「それを伝えたいなら、こんなふうに言ってみたほうがいいよ」などと、アドバイスをもらってみてください。

大丈夫。あなたはふざけているように見えて、かなり常識も押さえている人。そんなに変なことを言っていませんから。

●●●●●●●●●●●●●●●●●●●●●●●●●●

黄色の人が持っている宝物って、「不謹慎」なところなのです。大事な会議の前に「あー、早く帰りたい。そうだ、この近くにおいしいラーメン屋さんがあるみたいよ」とか、緊張している同僚に急にラーメンの話をぶち込んでみたり。

繊細で敏感で、観察力のあるあなただからこそ、「この場の緊張をやわらげるためには、どうしなければいけないか」をつねにクルクル考えている。

そのユーモアとサービス精神は、ときに不謹慎と言われたり、まじめな人には怒られるかもしれません。でも、本当にそれは宝物のように大事。コソコソと「あの人の話、全然おもしろくないよね」と隣の人に話しかけてあげてください。

あなたはちゃんと、まわりを救える人で、「いいやつ」なのです。自分を大事にし、「私のよさがわからない人間にはサービスしないよ。さぁ、帰った、帰った」と心の中でつぶやきながら、今日もぜひ、小さな不謹慎を大切に。

ベージュ

「モノづくりの人」と友だちになる

たたずまいは静かだけれど、強烈な自分の世界観を持ち、クールに淡々と自分の理想を追っていく。自分の好きな分野に対する細かいこだわりがあるし、プロ顔負けの制作能力があるため、周囲から「自分のお店出したら？」と言われる。物心がついたころから、自分の将来の理想を描き、それに向かってコツコツ準備を積み重ねるような強い意思の持ち主です。

そんなベージュが自信をなくしてしまうのはどういうときなのでしょうか。それは、「まわりとの温度感の違い」を感じたときです。

ほら、世の中って「なんとなくの正解」があったりするじゃないですか。「お仕事は何をなさっているのですか」とか「どういう人が好きなんですか」などと社交辞令で聞かれる。それに対して、多くの人が「なんとなく」で仕事や好きなことをやっていたりもする。

もちろん、それは仕方がないんです。でも、あなたはもっと本気の人。温度感がそこまで高くない人たちのあいだに囲まれると、苦しくなってしまう。話の熱量が通じ合わない日々が続くと、落ち込んでいってしまうことがあるのです。

では、ベージュが自信をなくしてしまったら、どうすればよいのでしょうか。

本気度が高い人に会いにいってください。 世の中を見渡してみると、「なんかこの部分はね、好きでやっているんだよね」と道楽を装いながら、けっこう本気度の高い仕事や生活をしている人がいます。

言い方が合っているかわからないのですが、あなたは「なにかに取りつかれたような人」と縁があるのです。

「手づくりのインテリアが好きで、自分で1から山を切り開き、家具をつくっている人」とか、「このコーヒーの豆の香りをどう引き出すのか。あともうちょっと理想の香りを追究するために3年の旅をしていた人」とか。

いい意味で「この人、ヤバい」と思える人と会うと、あなた自身も安心できるし、「妥協のできないモノづくりの世界」の刺激を与え合える。

ベージュ

情熱や、ものすごく好きな世界観を持っている人って、めったなことでは自分の話をしない。だって、あなたと同様に「その熱量を理解されない」体験をたくさんしてきたから。

「このお店ヤバいな」「この人ヤバいな」のストックや情報収集はつねに欠かさず、休日に実際に会いにいってみて。好きの熱量が高い人が来てくれると、相手もうれしいはずだから。

もうひとつ話をさせてください。

これからの時代は、地方も都市圏もこれまでと同じ街づくりではなくて、新しい街が再設計されていきます。今までは人口が増えていく社会だったから、どの街もそこまで個性を出す必要はなく、駅前に娯楽施設があって、商業ビルがあって、住宅地があれば、似たようなデザインでも事足りた。

でも、今は「地方から、個性豊かな文化都市をつくっていく」という動きが活発になっています。昔から使われてきた蔵を改装してカフェにしたり、昔からそこに住んでいる地元の人と移住者が協力して、新しい街の文化をつくっていく。

そういう「新しい文化都市の設計」にいちばんやりがいを感じ、活躍できるのがベージュという色です。

ベージュは個性を愛する人です。そして、個性を出す難しさについてもすごくわかっている。自分の出したいものが強すぎると、自己満足になってしまうし、まわりの意見を聞きすぎると凡庸な正解になってしまう。

尖《とが》るところは尖り、調和をするところは調和させる。その絶妙なバランス感覚を保ちつつ、日々、理想に取り組んでいる。

すでにあるものに満足するのではなくて、遠回りをしてでも、個性を出していく。新しい文化をみんなで創造していく。

あなたにはそんな不思議な縁の力があり、好きなものを通じて、お互いに「私はこういうことをやっているんです」と紹介しあうつながりをつくっていきます。

自分とは違うタイプの人が持っている「熱意」と「本気度」に触れて、どんどん刺激を与え合えるベージュ。あなたこそ、出会いを求めていい人です。

ときどき自信を失ったり、疲れたりしたら温泉でも入って、徐々に自分の体温を上げていくこと。本気になったあなたは、奇跡の輪をつくっていくのだから！

緑

ひとりでトレーニングに打ち込む

緑のカラーの人によくあること。たとえば、自分がふだん使わない駅で、見知らぬ人から「○○に行くにはどうしたらいいですか?」と尋ねられたりします。

自分でもよくわからない不思議な「安心感」があり、心のガードが堅そうな人から「あなただけは安心できる」と信用されたりする。性格も穏やかで、争い事を好まないし、怒っている人の話も最後まで聞くことができます。

そんな緑が自信をなくすのはどういうときなのでしょうか。

ひと言でいうと「誰かにとっての特別な人になりたいのに、そのなり方がわからない」という壁に直面したときなのです。

これ、カラー診断が緑だった人は、何度かこの壁にぶち当たってきたはず。恋愛面でも、仕事面においても、「え、私ってそこそこ重要視されてたんじゃないの?」と思っていても、なぜか最終的に違う人が抜擢されたりしている。本当に悲しいし、切ないですよね。

まわりのためにがんばっているのに認めてもらえず、自信をなくしてしまったら。あなたの場合、しっかり腰をすえて長期的にその解決に取り組もうと決めてほしいのです。

というのは、緑は体の中に「いい人成分」がかなり含まれています。それによって周囲の人は助けられるのですが、「あの人は我慢してくれるから、後まわしでも許してもらえるだろう」というような、妙な不平等が生まれてしまう。

では、具体的に何をすればいいか。

筋トレや、外国語を習うなど、なんらかのトレーニングをやってほしいのです。

「もっと評価されたい」「もっと私のことを特別な存在として見てほしい」、そういうくやしさを原動力にして、トレーニングをしてみる。そうすると、あなたの中になかなか見られなかった「闘志」や「秘めたる強さ」が雰囲気の中に表れてくるのです。

1週間の中で、SNSでも紹介しない、秘密のトレーニングの時間をつくってみる。

緑

何がいいかって、肉体を鍛えるにしろ、頭脳や手先を鍛えるにせよ、トレーニング中って、誰かに気をつかっていない「素の、おのれと向き合う表情」が出てくるのです。それが、あなたにとってとても大事な財産になってくれます。

緑は本能的に、会う人を「安心させる」表情や言動をしてしまう。それは人として素晴らしいのだけど、同時に「素の表情」を持てると、相手のほうからあなたのことを深掘りしたいと思ってくれるから。

「絶対に特別あつかいを受けてやる！」と野心を燃やして、自分を変えていって。

少しお茶でも飲みながら聞いてほしいのですが、今の時代って「自己ＰＲの時代」じゃないですか。仕事でもプライベートでも、余すことなく自分のアピールをしなければいけない。しかも、少し盛って。

「目立ち方がうまい人が評価を受ける社会。多少誰かを傷つけたとしても、注目を浴びる人のほうが戦闘力は高くなるのかな？」――それも大事かもしれないけれど、その「自己ＰＲ社会」に対してちょっとずつ疲労感も溜まっていきますね。

自分が譲り、誰かが脚光を浴びることに喜びを見出す――あなたは一朝一夕では育てることのできない、大切な「人を思いやる心」を持っています。

それは本当に素晴らしいこと。もちろん、「やさしさ」ゆえに、損してしまったこともあるでしょう。しかし、1歩後ろに下がって誰かを見守る姿勢を持ってきたことを誇りにしてください。

一方で、もう少し「やさしさだけではない自分」を出すことができます。もし、自分が進んでいく道に行き詰まりを感じたり、**「もっと大きな評価を得たいと思うのは、分不相応なのかな」と思うことがあったりしたら、挫折や自信喪失に見せかけた、大きな飛躍のチャンス**なのです。

そういうタイミングに来たときこそ、丁寧さと誠意と気づかいを誇りに、全力でやってみる。必ず、見る人は見ています。

緑はやさしいだけの人ではありません。ちゃんと、自分のこだわりや「私に任せて」と前に出ていくリーダーシップがある。短期的に目立てないことがあっても、腐らないこと。

どこにいても、同じクオリティで自己表現ができるのが、あなたのカッコよさであり、意地なのです。

エメラルド

モードを変えてみる

エメラルドは外面と内面が激しく違います。外向きの雰囲気はどこか清楚《せいそ》で、物静か、上品な印象を与えるのですが、内面にかなり筋金入りの「○○オタク」の成分が含まれています。

ファッション、美容、食べ物、食器、生き物など、多岐にわたる好奇心や趣味を持っているけれど、人づき合いはどちらかというと苦手。

「私のことは放っておいてもらえると助かります」みたいな気持ちもあります。

そんなエメラルドが自信をなくしてしまうのはどういうときなのでしょうか。

それは端的に、「余計なお世話」に直面してしまったときです。

世の中はさまざまな「余計なお世話」にあふれています。「もっとこうしたほうがいい」とか「彼氏つくらないの?」とか。

「いや、そういうことは自分で考えたいので、今はあなたの意見は求めてないっす」と言いたい。「誰かからの不必要な注目」を浴びすぎると、あなたはしだいに自信を失っていき、つくづくゲンナリしてしまう。

エメラルドが自信をなくしてしまったら、どうすればよいのでしょうか。

おすすめしたいのは「香水の使い分け」。休みの日でいいので、**ふだん自分が使っていない、「少し違うモードの自分になれる香り」を探しにいく。**

もちろん、香水の匂いが苦手な人もいらっしゃると思うので、その場合はアロマでもいいし、「ヘアゴムの色を変える」とか「平日とは全然違う感じのスニーカーをはく」などでもいいです。とにかくモードを変える。

どうしてそれがあなたの自信の回復につながるのかというと、エメラルドには「人を差別しない。どういう人が相手でも、自分の自然体で接したい」という、「他者に対して丁寧でいたい」という信念があるのです。

だから、あなたは「意図せず、自分が不機嫌になって、他人にそっけない態度を取ってしまった」というときにも、自分自身に対して傷ついてしまう。

平日と休日、あるいは仕事のときと友人に会うときに、香水や化粧品など、あえて

エメラルド

自分のモードを変える。これがけっこうあなたの心を守ってくれて、崩れた自信を立て直してくれたりします。

もうひとつ、あなたにやってほしいことがあるのです。

それは、「知らなかった人を知ってみようキャンペーン」。2カ月に1回ぐらいのペースでいいのでやってみて。

「うわぁ、なんだか面倒くさそう」と思わずに聞いてほしいのですが、あなたは自分が思っているよりも丁寧な人。そして、親切な人です。

だからこそ、人の話を聞くときも一生懸命になっていることが多いし、それに、任された仕事や、友だちと一緒に行く旅行の下調べも全力です。

気づいたらけっこう「誰かと一緒にいて、肩の力を抜いているとき」がなかったりします。

エメラルドは、本当に気をつかわないですむ親友や恋人や家族、または、動物たちの前以外では、なかなか気が抜けない人なんだと思ってください。

その気の抜けなさって、言い換えると「丁寧さがあるから」。こういうところが、あなたの素晴らしさなのです。

そういうわけで、もうちょっと「他人のことを知ること」とか「打ち解け合うこと」をゲームにしちゃってみて。

「よし、今週は少しだけ余裕があるから、『第7回・知らなかった人を知ってみようキャンペーン』を実施してみるか」と考える。

そうしたら、直感的に「なんとなくこの人とは気が合わないな」と思える人でも、人間関係のリサーチだと思えばテキトーなやり取りができていくから。

最後に、これは秘密のメッセージとして聞いてほしいのですが、**エメラルドの人はもう少しだけ「怠けグセがある」ぐらいでちょうどいいと思ってください。**

だって、あなたは短期決戦で集中しなきゃいけないところで集中するし、任された仕事に全力を尽くすし、まわりを細かく観察している心やさしい人。だからこそ、たまに毒っ気も交えて「へー、そうなんですか。全然興味わかな〜い（笑）」なんて、適当なことをまわりに言ってあげて。

自然と力が抜けていくし、あつかわれ方も楽になっていくから。丁寧な姿勢は、好きなものに打ち込むときだけで大丈夫ですよ。

自分の「弱点」を尋ねてみる

誰に何と言われようとも、青はカッコいい自分を保つこと、ファッション、仕事、社交術や人脈で理想を追うことを大切にします。自慢の趣味の時間を持ち、自分の好きな人たちに囲まれて会話を楽しむ。上昇志向が強く、服装なんかもビシッと決めていて、スマートでカッコいい人が多いです。

一見、隙がなさそうな青の人ですが、自信を失ってしまうのはどういうときなのでしょうか。

それは、「半年間以上の努力によっても、突破できない壁に当たってしまったとき」です。

精神的にたくましい青。「自分が多少、誰かに嫌われてしまうこと」なんかも織り込みずみで生きています。

自己主張はちゃんとしたいし、いつも結果を出していきたい。実際に、口だけの人ではありません。他人が見ていないところで、人の何倍も努力をしている。

そう、じつは青は努力型の天才なのです。だからこそ「あれ、けっこういろいろパターンを変えてがんばってきたけど、私の能力や努力ではこのミッションをクリアできないのか？」と感じたときに、パニックにおちいることがあります。

だって「できない自分」を認めるわけにはいかないから。


では、青が自信をなくしてしまったときは、どうすればいいのでしょうか。

もし可能ならば、**懐かしい人に会いにいったり、普通っていたお店に顔を出すなどしてみてほしい**のです。

青はステージアップの人。つき合う人の顔ぶれやふだん通うお店といった居場所を、自分の能力やレベル、収入などに応じて変えていく傾向があります。

ただ、成功の階段を駆け上がっていくと、自分ひとりの力や能力、そして、センスや天性の勝負勘で突破することに限界が出てきます。それが最初に、あなたが出会う「挫折の壁」。

失敗や「できないこと」にあまり慣れていないので「できない自分」に自信を失い

青

やすい。そういうときこそ、「3年前まで通っていたお店」や、懐かしい場所に足を運んでほしいのです。「あのときはもっとくだらないことで悩んでいたな」とか「あのときはもっと青臭かったし、もっと理想に燃えていたな」とか、当時の自分がいた風景に触れてほしいのです。

そうすることで、「成功した自分も、うまくいかないことだらけの自分も、どちらも尊い」という感覚を得ていき、いつのまにか性格もやわらかくなっていく。

「人として丸くなろう」そのことを心に留めておくと、今見えている結果だけで自分や他人のことを評価しなくなります。誰にでも「うまくいかない時間」があるのですから。

その「丸くなる姿勢」こそが、あなたがぶつかった壁を乗り越える大事なカギになるのです。

もう少しだけ話を聞いてくださいね。

青は、若者の色なのです。つねにクールで、野心にあふれ、自分のカッコよさを感じていいたい。

その一方で、あくまで冷徹で「能力がない人や結果を残せない人は、誰にも必要と異様されないのよ。さっさとこの勝負の舞台から降りたほうがいい」というような、異様に厳しい能力主義を自分にも課しています。

そのまっすぐな「毎日が真剣勝負」の姿勢も、「去年の自分を越えるために生きている」という思いも、「必要とされなかったら立ち去るのみ」という覚悟も、嘘偽りのない、青の人の大切な原点なのです。

同時に、あなたは謙虚な人から学ぶ姿勢も持っている。困っている人を助けることも、「みんなでこの場所を盛り上げていこうよ」という仲間意識も、誰かに喜んでもらうことをうれしく思うようなやさしさもあります。

だから、自分に自信がなくなってしまったときは、思いきって誰かを頼ってみてほしいのです。自分では自覚がないかもしれないけど、頭をちゃんと下げることのできるあなたは素敵なのですよ。一流とは、戦いを挑むこともできるけれど、自分が悪いと思ったらパッと謝ることができる人です。

「自信を見失った夜」もいい思い出にし、なんなら笑い話に変えていくために、正面から「私の悪いところを教えてください」と先輩やまわりを頼ってみてはいかがでしょうか。その実践で、さらにカッコいい人に変貌をとげていくことができます。

水色

「与える人」になる

水色は物静かな印象があり、集団行動よりもひとりの時間を好みます。お店にご飯を食べにいくにしても、カウンターの端っこにひとりで座って、おいしそうにご飯をパクパク食べている人がいたら、それは水色です。


そんな水色が自信をなくしてしまうのはどういうときなのでしょうか。

それは「定刻どおりに家に帰れない日々が続いてしまったとき」なのです。

水色はとても強い集中力の持ち主で、自分に任された仕事を淡々と終わらせていきます。静かな情熱を秘めているし、仕事にちゃんと熱意も込める。

でも、自分でも自覚している大きな弱点として「家に帰れない」とか「拘束される時間が引き延ばされて、終わりが見えない」ときに、深刻なダメージを受けてしまう。

人前だろうと、あからさまにイライラしてしまうことも。そのような感情におちいることも、ついイライラしてしまったことも、水色が自信を失う材料になってしまいます。

水色が自信をなくしてしまったら。

「自分だけの聖域」を持ってみてください。

これは自分の部屋でもいいですし、機嫌がいいときも、疲れているときも〝放っておいてくれる〟行きつけのお店でもＯＫ。

水色ってけっこう家庭的な人だから、安心できる「家族のような人たち」のもとを訪れると自信がよみがえります。

自分の部屋の場合は「時間も行動も、誰にも干渉されないし、関心も持たれないし、自由に好き勝手やる時間」がポイント。「なんだ、子どもみたいだな」と言われようと、あなたにとって聖域に引きこもる時間は必要です。

放っておいてもらえることや引きこもる時間を持つことで、なぜ自信回復につながるのか。その時間を通じて「高度な共感」ができるからです。

水色は「好き」と「嫌い」が激しい色。世界の物事や芸術、音楽、絵画、ゲームなどの作品について、かなり造詣《ぞうけい》の深さがある。自分が共感できる作品と一体化する時

水色

間をつくることで、故郷に帰ったかのような感覚を覚えます。

もうひとつ、違うやり方をご紹介しましょう。

ひと言でいうと、「与える側の人間」になること。「与える」「誰かのサポートをする」、もっと言うと「誰かの気持ちをすくい取ること」で、自信を深め、さらにパワーアップしていくことができます。どういうことなのか、詳しく説明させてください。

水色は単に「物静かでひとりでぽつんといる人」ではありません。内側に激しい表現の欲求、芸術やセンスあるものへの審美眼、そして、頑固さを秘めています。自分の内側の激しさを知っているから、集団行動にはあまり加わらず、お互いの平和のために距離を取っているのです。

ただ、まわりと距離を取っているのはこういった理由だけではなくて、じつは水色は「共感能力や察知能力が異様に高い」のです。人の痛みを自分の痛みとして感じられる。誰かの恥ずかしい場面に出合った際に、いたたまれなくなるぐらいに自分自身も恥ずかしくなっちゃう。

共感や共鳴の能力が強すぎるのです。まわりからの影響を受けすぎて疲れちゃうから、少し距離を保っている。でも、その共感力や共鳴する心は、あなたにしかない宝物でもあるのです。

だからぜひ「あ、あの人すごく一生懸命やったのに、誰にも気づいてもらえずに自信をなくしているな」という人を発見したら、「すごくよかったですよ」と声をかけてあげてください。そこから信頼関係を築き上げることができますから、丁寧にあなたが感じたことを伝えていって。

水色の人は自分が感じたことにもっと自信を持っていい人なのだし、他の人にはない「ユニークな観察力と感知する能力」を備えているのだから。あなたの意見こそが貴重なのです。

適度に距離を保ちながらも、他人に対して感じた素直な「ありがとう」とか「○○さんは素晴らしい」というような温かい感情は、そのまま言葉に出して伝えていってください。

あなたが誰かを守り、誰かがあなたを守ってくれる。そういうやさしい関係を、水色はつくっていける人なのだから。

ターコイズ

悩みを相談する

ターコイズは太陽のような人。会う人全員をその明るさと大きな愛の力で虜《とりこ》にしてしまうパワーを持っています。初対面の人に対してもハグをし、音楽が鳴ったら踊り出し、旅をして異国の情景を見るのも大好き。

そんなターコイズは、「大切な人とのあいだで、泥沼の依存関係が生じてしまったとき」に自信をなくしてしまいます。

先述のとおり、ターコイズは「海」のような広さで人を愛します。生まれの家族はもちろん、人生の途上で出会う仲間や恋人など、自分にとって大事な人の人生をまるごと、全力で背負ってしまう傾向があります。

それは本当に素晴らしいことなのですが、一方で、相手からの束縛がひどくなった、相手が一方的な要求をしてくる、自分以外の人に会うのも嫌がるようになった、などということも起こりがち。愛の深さゆえのかわいいワガママではなく、支えすぎて関係をダメにしてしまう、あるいは「重度の依存関係」になってしまうこともけっこうあるのです。

そのような愛情の落とし穴にハマってしまったときは、どうすればいいのか。

まず、**年上の知人や友人に相談してみてください**。ターコイズの交友関係の広さはピカイチ。それに、自分が思っている以上にまわりに愛され、大切にされている人。あなたは初対面の相手にも親切で、「私でよければ、なにか力になるよ」という雰囲気をかもし出し、相手の素敵な部分をためらいなく褒めることができる人だから。

だから周囲の人々も、あなたが悩んでいることや、「最近、少し影があるな」ということに気づいています。でも、あなた自身には「自分の影の部分」を人に見せたくないし、背負わせたくないという気丈さがある。

同い年ぐらいの「ノリが近い」友人ではなくて、年が離れた知人や友人に「愛情の落とし穴」について相談してみて。その人たちもきっと同じようなことで悩んだことがあり、いいアドバイスをくれるでしょう。

ターコイズ

年齢が近い人に相談するのもいいのですが、ノリが近すぎて、笑い話になってしまうことがあったり、噂が広がってしまうのを避けたいからです。

そして、もうひとつ覚えておいてほしいこと。

あなたは自分自身が人に尽くす人であることを自覚していると思います。そうやって人をたくさん救ってきましたね。「私もその仕事手伝うよ」というフットワークの軽さや、鋭い観察力を持ち合わせていたりする。だから、「ここはよくないと思うよ」と、じつは細かいところまでちゃんと見て、正確に指摘することができるのです。

それほど有能なあなたなのに、ときどき「じゃあ、私はどうやったら幸せになれるんだろう?」と落ち込んでしまうこともありますよね。

あなたは他人のために「愛情という燃料」を使いすぎたときに、ガス欠を起こします。そのガス欠のときに思うことが「私の幸せ、どこ?」なのです。

燃料を補充するために旅に出たり、海を見にいったり、気の合う仲間と集まったりするのですが、それとは別に、あなたにやってほしいことがひとつ。

自分のために祈ること。

これ、けっこう自分の幸せのために必要なことなのです。

今日1日楽しかった。今日1日は怒られたりして、いまいちだった。そういう振り返りとともに、「今日も1日がんばってくれてありがとう」と、自分のために祈ってあげてください。

祈りって、最強の応援なのです。愛されている人って、応援されている人じゃないですか。多少ポンコツな部分がある人でも、「この人は放っておけない」と思われている人はますます愛される。**人を応援し、手助けをし、いいところを発見してあげられるあなただからこそ、恥ずかしがらずに自分のために祈り、ねぎらってあげてほしいのです。**自分自身が、自分の最高のパートナーでいられるように。

誰かのパートナーになる前に、あなたはもう最高の人なのです。

元気をなくしちゃう日ももちろんあるけれど、自分のため、そしてまわりのために祈り、最高の愛の人になってください。

人に「幸せ」を贈ってきた人なのだから、あなたも贈られるほうの人になりましょう。みんな、あなたに幸せを贈りたくてうずうずしているものですよ。

シルバー

「高価なおもちゃ」に投資する

シルバーには「夜22時以降はメールの返信はしない」などのマイルールがあり、仕事や趣味などにおいても、自分なりに深く追求している専門分野があります。都会型の自給自足プレイヤーであり、自分だけの働き方や生き方を構築しています。

ひとりでなんでもできてしまうシルバーが、いったいどのようなときに自信をなくしてしまうのか。

ストレートに言うと、「モノの価値がわからない人に、なめられた」と感じてしまったとき。

シルバーの人はエンジニアに多いタイプともいえ、好きになったことはとことん勉強する。だからこそ、自分が磨いてきた技術や知識に対して「そんなもの、役に立つの？」と言われたり、安価な価格や無料でそれを利用されたりすると、すごくショックを受けます。

「え、あなたのその仕事量で、それだけの対価しかもらえなかったの？」と言われたときも、自分の無知を痛感して落ち込んでしまう。

では、そんなシルバーが自信をなくしてしまったらどうするのがいいのでしょうか。

やってほしいのが、「バカンス生活を誓うこと」です。

シルバーは日本的な文化の人ではなく、どちらかというと、「長いものに巻かれず、自活し、自分に責任を持ち、働き方や生き方を自分のスタイルで決めていく」というような、欧米型の個人主義のスタイルです。

結果を出すためのユニークな方法をつねに考えているので、その真逆の「言われたとおりにやれ」と言われる世界に我慢ができません。

そのような欧米型のスタイルを持つあなたは、「この期間は働かないぜ。リフレッシュをするのも自分の品質向上をするためにはマスト」と自分に言い聞かせて、ふだん暮らしている場所から離れる必要があるのです。

バカンスでは、ガラリと環境を変えたい。そして、人間というより、動物に戻って自分をリセットしたい。シルバーの自信の取り戻し方は、「まわりのために成長する」

シルバー

というより「神経を休め、生命力を取り戻していく」という動物的なやり方です。

今はバカンス型の生活ができない人も、今後の目標として「バカンスに行くために自分の能力を磨き、将来設計をする」と誓ってみると、その誓いがあなたに力を与え、思ったよりも早くそういう生活スタイルができるようになります。


もうひとつ、シルバーのポイントがあります。

あなたは本来、面倒くさがり屋のはずなのです。それでいて、幼稚園児と張り合えるぐらいの、強烈に強い好奇心を持っている。新しいおもちゃを見つけるととことん遊び倒して、大人になっても「高額な遊び道具」に投資していく。その理由は、自分が夢中になれるから。

「何ですか、私は今、喧嘩を売られているんですか」と思わないで聞いてくださいね。

あなたは「面倒くさがり屋だからこその、システムを改良したい合理主義者」なのです。

今の時代は、個人も組織も、そして、時代もつねにアップデートを求められています。でも、そのアップデートも、私たちの現実を省みながら、それでいて、適切な理想を目指していかなければいけない。

「ここはいらないから変えちゃおうよ」「それだったら、これで代用できるよ」など と新しいデザインを考えていくのが好き。シルバーは「新しい可能性のおかげで、未来がよくなっていくし、みんなも幸せになれる。面倒くさいルールにとらわれないで変えていっちゃえばいいじゃん」という先進性を強く持つ人ですね。

「自分が投資したおもちゃと真剣に遊んでいる」ことで、人類社会に貢献している人なのです。

天才肌なのに、どこか子どもっぽくて、間抜けなところがある。それこそあなたが愛される理由。

あんまり年齢なんて気にしなくて大丈夫ですので、たくさんこの人生で遊んでください。「こんなおもしろい世界があったんだ！」と発見していくことが、あなたの人生の目的でもあるのだから。

純粋な子どもの目線で真剣に遊んでいるとき、あなたをなめたり、バカにしてきた人たちは、あなたの世界からはもういなくなっているはずです。

白

温泉に避難する

大きな声では言えないのですが、白の人にはけっこう第六感的な能力があります。「あの人とかかわっちゃいけない気がする」とか「この場所はすごくいい気に満ちている」などという直感が優れているのです。

モヤモヤするものや、ズーンと重く感じる「嫌な気配」がとても苦手なので、つねに身のまわりの整理整とんをして、清浄さと風通しのよさを図っているのも特徴。

勘づく、気づく、察知する——独特の頭の回転の速さを持つ白の人が、自信をなくしてしまうのはどういうときでしょうか。

言葉を選ばずに言うと、「目上の人に愚かさを感じてしまうとき」なのです。

白は、年上や目上の人に厳しいです。同僚や年下にはある程度寛大なのですが、自分から見て年齢的に「大人」の人が、精神的な部分や、責任能力において「大人」をやっていないのが許せない。

いい加減な人たちからいいように使われたり、自分の能力が適切に判断されなかったりすると、情けなくなって、なにもしたくなくなってしまう。これが、白における「自信の喪失」体験なのです。

では、白が自信をなくしてしまったら、どうしたらよいのでしょうか。

すごく不思議な話なのですが、たとえば「嫌な人が自分の上司になってしまった」など、ネガティブな現象が起きたときは、運の流れを再検討するタイミング。

嫌な人に目をつけられないように、あえてやる気をなくしたり、自分のパフォーマンスを低下させる。むしろ**「期待できない人材」であることをアピールする**のです。

普通、そんなことできません。でも、白の場合は自分の全体運を俯瞰《ふかん》して、「ここでの黄金期間はもう終わりなのかもしれないな」と、潮目が変わったことを感じ取ります。

そこで、自分の自信を回復させるためにも、少し休養を取ったりして、再び自分の血が騒ぐ舞台を見つけていくのです。

白

あなたの場合は、自分の直感を信用してみてください。

じつは白って、ロジックとかシミュレーションの能力で動いているようで、根本的なところでは「直感型のギャンブラー」なのです。理屈うんぬんではなくて、「あ、この機会を逃しちゃいけない。全力で挑まなければ」と人生の勝負どころを見抜く。あるいは、「あ、この場所／この人間関係は卒業だな」と退場の方法にひそかに気づくことができたりする。

誰にとっても人生の中で運が下がってしまうことはある。そんなとき「この人はちょっと嫌だな」と思う人間が自分の結界の中に入ってきてしまったりする。白が他の人と違うところは「運の体力や結界の強さ」が大切だということです。

白の人の運の体力を回復させる方法とは何なのか。自分に自信を持ち、再び人生に勝負を賭けていくために何をしなければいけないのか。

旅に出てください。ふだん住んでいる場所から離れて、よその土地に行き、地のものを食べ、違う方言を聞いて、きれいな風景を見て心を穏やかにする。

旅そのものが、あなたにとって「今までの私、お疲れさまでした」とひと区切りできる大事な儀式なのです。仕事などの集中スイッチと危機意識がとても強いため、「これだけ離れていたら、なにか起きて呼び出されても対応できない」というような、言い訳が必要。できるだけ日常から遠く離れて、温泉でも入ってリラックスしましょう。

白の人は、自分のために生きているのではありません。自分だけが幸せになることにあんまり関心がないのですね。

それよりも、あなたが見込んだおもしろい人、才能を秘めた原石、大好きな家族――彼ら・彼女らと一緒に幸せにならなきゃ意味がないと考えています。

自分が思っている以上に、大好きな人たちのために尽くす人だし、かなりの重労働をふだんからしています。リアル「鶴の恩返し」のような、本当に不思議な人。

ケタケタと子どものように笑って、大胆にサボることもして、自分の身をおもしろい生き方に全部投資していく。

人生のギャンブラーとしてのセンスを磨くためにも、ほどほどにがんばり、人生の節目で旅をしてみて。

あなたは大小さまざまな旅を通じて、宝物を見つけていく人なのです。

紫

「志《こころざし》の高い人」に会いにいく

顔が広く、人望もあり、まだ知り合ってそんなにたっていない相手に対しても面倒見がいい。任されたことは最後まで責任を持ってやり、礼儀を重んじるため、若いころからどこか風格すらある。子どものころから精神的に大人びた雰囲気をまとっているような、紫はけっこうすごい人なのです。

生来の「兄貴肌／姉御肌」である紫は、どんなときに自信をなくしてしまうのでしょうか。

それは「ありがとう」と言われなかったときです。そういう部分がちょっとかわいいのです。

紫は基本的にどんな相手に対しても誠意を込めます。「あなたに頼んでよかった」とか「さすが○○さん」と言われたいからです。だからこそ、相手がテキトーな返事をしたり、お礼を忘れたり、また、家族のような関係になって「やってもらって当たり前」と思われたりするとかなり落ち込み、自信喪失につながっていきます。

では、自信をなくしてしまった紫の人は、どうすればいいのでしょうか。

18カラーのうちでも少し特殊で、**歴史的な建造物や、歴史の舞台になった場所に行ってみてほしい**のです。移動が難しい場合は、歴史小説を読むこともおすすめ。

紫は現代人としてはかなり珍しく、自分の心の中に「志」を持っています。この「志」というのは、「おのれの利益のためだけに生きるにあらず。歴史を振り返れば、もっと大変な波乱の時代もあった。その時代に生きた人たちに負けてはならない」という、自分を支える柱なのです。

紫の人は、現代とは違う時代の空気に触れるだけで「お礼が言われなかったことのひとつや2つを気にしちゃいけない」「バカだと言われるぐらいまで、私は私の仕事をやり抜こう」というような、情熱と元気を取り戻していくことができます。

志に触れるというのは、なにも史跡だけではなくて、たとえば「脱サラをして、安価で栄養のある食文化を広げたいと、起業した社長のお店」など、そういう場所や人

紫

に会いにいくのもいいです。

ふだん人前で弱さを見せたくない紫の人は、そういう「志の熱量が高い人」の前だけで、グチなども吐くことができるのです。


先ほど少し触れたように、紫は「家庭」以外に多少の逃げ場を持っていたほうがいいと思います。

本当は繊細な人だから。「あ、これだけやっても私は感謝されないのかな」という思いがよぎると、調子が悪くなって落ち込んでしまう。

かなり大げさなぐらいに「いや、本当にありがとう！　あなたしかいない！」というふうな喜ばれ方を、いつもとは言わないけど、たまにはやってもらえる場所を持っていてほしい。

「ありがとう」がない場所からは、少し空気を入れ替えるためにも離れてみて。どういう逃げ場所がいいかというと、顔見知りの飲食店などで、15分だけでもグチを言って帰ってくれれば、けっこう自信が回復します。

今から30年ぐらい前って、「人と人とが会う」ってもっと貴重な体験でした。スマホはおろか携帯電話もなかった時代には、手紙を書いて送ったり、「久しぶりに会うから、甘いものが好きなあの人に、これを買っていこう」と準備したり、手間のかかるやり取りがメインでした。

現代人は、そういう面倒くさいやり取りから解放され、より自由になれた半面、どこかで「物足りなさ」や「さみしさ」が増している。

でも、**あなたは「面倒くさいけど、心と心のやり取りは大切だよな」と、昔ながらのやり方を残している人。**

「ここまでやる必要あるのかなぁ」「でも、テキトーにすますことがなかなかできないんだよね～」と思いながら、いつもあなたらしく、丁寧な仕事や作業をしてしまう。

そういうあなたの背中を見て育つ人がきっといます。

ただ人気が出ればいいってものじゃない。ただ成功すればいいってものじゃない。

支えられてきた恩、育てられてきた恩、自分に素敵な風景を分けてくれた人への恩。

そういったことに恩返しをするために、あなたはまっすぐに生きていくのです。

たまには逃げ場所に身を隠しながら、自信を持って前を向いていってくださいね。

ネイビー

「小さな思いつき」を実行する

ネイビーは超人的な人です。24時間、365日をすべて「任された仕事など、果たすべきミッション」に捧げているようなところがあり、つねにONのモード。まわりの人から見るといつ休んでいるのかわからない。ずっと目標や夢への戦いを挑んでいるような人。


そんなネイビーが自信をなくすのはどういうときなのでしょうか。

それは「もうついていけない」という言葉に出会ったとき。

ネイビーは仕事でもプライベートでも「とにかく忙しいけれど、自分たちで全部なんとかして未来をつくる」という戦闘集団と縁ができます。休日に行くキャンプでまで、仕事関係の人たちと戦略会議をしていたりする。

そういう世界がむしろ好きで、生きがいすら感じます。でも、そんな環境で何年もがんばり続けたときに、期待していた後輩や、一緒に戦い続けてきた同僚に「もうこの文化やあなたにはついていけない」と言われ、去られてしまうことがあります。

さすがにショックを受けて、自分のやりがいや目標すらも見失うぐらいに、自信をなくしてしまうこともあるかもしれません。

ネイビーがこの先もがんばり続けられる自信を失ってしまったら、どうすればいいのでしょうか。

「あー、このタイミングがきたか」とつぶやいてほしいのです。

大事なことを言います。**あなたにとっての挫折は、「今までできなかったこと、封印してきたことを解放していくタイミング」**でもあるのです。

あなたは「1点集中」の人ですし、優先順位を必ず守ってきた人。雑談をしていてもすぐに本題に入りたがったり、無駄な時間を使うのもきっと嫌ですね。

そんな「マシーン」のようになってきたのは、「こんな私でも、ここまでいろいろできるんだ」とか「また乗り越えられた。よし、もっとがんばろう」と、試練のたびに自分を強くしてきたから。

もっと強くなるために、もっとまわりの期待に応えていくために、自分の心を封印

ネイビー

してきたはず。

自分本来の心を解放するために、素朴な「見たい、聞きたい、行ってみたい」に従うこと。とくに下調べせず、「そういえば、幼いころにやった潮干狩りが楽しかったから、またやってみようかな」というような小さな思いつきを実行してみてください。プラッと旅行に行ってみてもいいです。休日を重視すると、一時的に仕事のパフォーマンスが落ちて不安になるかもしれないですが、じつはあなたが休息を取り戻していくことで、もっとまわりのサポートを受けられるようにもなっていきます。

加えて、ネイビーが自信を失わないために必要なことがあります。それは、**年下の人から多少からかわれるキャラをつくっていく**こと。健康的な毎日を送っていくために、「年下からどうあつかわれているか」はけっこう重要な目安です。

年下の人は、「あ、この人はちゃんと話を聞いてくれる人だな」と思った人に心を開きます。ふだん厳しいことを言いつつも、ちゃんと自分の努力と工夫を認めてくれる人などです。

そういう後輩があなたのことをからかってきたり、「〇〇先輩が全然休まないから、私も休めないじゃないですか〜。休んでくださいよ〜」と言ってきたら合格です。

じつはあなたは、年下の人と本音で語り合って、一緒に無邪気な童心に戻ることもできる人なのです。

ネイビーは年上や目上の人から「君には期待している」などと言われて、いいように利用されちゃうこともあるから、年下の人との関係がセーフティーネットになってくれます。


あなたの魅力って、「あれもできる」「これも任せられる」というような、戦闘能力の高さだけじゃないのです。

思ったより天然なところ、負けず嫌いでムキになってしまうところ、たまに大盤振る舞いしちゃうところ、重要なところ以外ではポンコツになっちゃうところ。そういう部分もまわりから「かわいい」と思われている。

だから、戦い以外のあなたの時間も、周囲と共有してあげてください。

オチもいらないし、結果もいらない。「あー、バカな時間を使っちゃって楽しかった」と言えたとき、あなたはもう自信を回復しています。

茶色

人に思いのたけを打ち明ける

まじめで努力家、コツコツとした作業が好きで、自分の行動の記録や感動したフレーズなどをメモに書いている。素朴な印象もあり、自己主張や目立つことは少し苦手。茶色は会う人をほっとさせる、やさしい人柄があります。

そんな茶色が自信をなくしてしまうのはどういうときなのでしょうか。

それは、「自己PRがからむ試験や面接」などです。

就職活動もそうなのですが、茶色は大人になるまでに通過しなければいけない、「自己PRが必要な場面」にかなりの苦手意識を持っているふしがあります。

「あなたの強みをひと言で」とか「どうしてこれをやりたいと思ったの?」とか言われると、自分の大切な想いを短いフレーズでどう伝えてよいのかわからない。

また、自己主張をして目立つのは苦手だったりして、誰よりも一生懸命準備をしてきたのに、うまくいかない日が続くと落ち込んでしまいます。

では、茶色が自信をなくしたときは、どうしたらいいのでしょうか。

それは、**自分を認めてくれる人にとことん話す**こと。

ここはとくに強調したいのですが、あなたは5年単位といった長い時間をかけて強くなっていく人。じっくり自己アピール力を磨いたり、センスを爆発的に開花させていったりする。

ただ、**自分の才能を発揮するためには、人との会話が土台になっていきます**。学校の先生でも、アルバイト先の先輩でもいいですし、もちろん、家族や友だちでもかまいません。面接ごっこなどにつき合ってもらってください。

茶色は他人からもらったアドバイスの吸収率がすさまじいのです。ひとりでコツコツやってきた土台があるから、他人からの意見や視点をとことん自分に活かすことができる。

自分の下準備と、他人のアドバイス、この2つを重ね合わせたあなたはすごい人になっていきます。

茶色

もうひとつ、茶色はとても大きなやさしさと思いやりの力を持っています。だからこそ、基本的に困っている人の頼みを断れません。

自分がどんなに忙しくても、「わかった。話を聞くよ」と人の話に耳を傾け、相手の状況を断定しないで、的確なアドバイスを伝えることができる才能があります。

自信と経験を重ねた茶色の「言葉の力」はすごいです。人の心を動かし、励まし、さらに、正確な情報を伝えていくこともできる。じつは指導者向きの人なのです。

一方で、茶色は心やさしい人だからこそ、「いえいえ、こんな私で申し訳ない……」とか「こんなこと、○○さんの前では言えない」というような、ひとりで勝手に全責任を背負ってしまうような面があります。

耳が痛い話かもしれないのですが、「もうちょっと自分なりに現状を改善してから……」と、ヘトヘトになるまでもがいてから、誰かに相談しようとするクセがある。

もちろん「自分なりに1回はやり切ってみたい」というその姿勢は、本当に素晴らしいのです。

ただ、「あ、これはヤバそう」な予感がしたり、攻略法や突破法がわからなくなったりしたら、「はい、すぐ相談しよう！」スイッチを押してください。一瞬だけ気まずいけれど、正直に現状を言っちゃったほうがいいです。誰もあなたがサボってきたなんて思いません。

●●●●●●●●●●●●●●●●●●●●●●●●●●●

以前、テレビを観ていたら、日本にはいろいろなところに「湧き水」があふれ出る場所があるという話をしていました。100年以上前、場合によっては1000年以上前の雨水が地層を通ってろ過され、今、名水として湧き出ている。

このエピソードがすごく茶色っぽいと思いました。あなたは、多少不快なことやうまくいかないことがあっても、その経験に一生懸命に向き合うじゃないですか。

他の人より時間をかけて、他人の言葉も自分の言葉もろ過し、自分なりに消化していく。自分自身に歯がゆさを感じる日があったとしても、愚直で、誠実であり続ける。そんなあなたは誰にも持てないまぶしさと強さを持っている人です。

だからどうか、**自信が持てない日も、ちゃんとその日に感じたことを日記に書いたり、誰かに相談してみたりしてみて。**すべてがあなたという人物の大きさにつながっていくのだから。

森の色

古典を読む

森の色には崇拝するアーティストがいたり、「そのことを話し出したら何時間でもイケる」というほど、長い時間をかけて追究している趣味を持ちます。応援しているタレントさんのメイクや服装の趣向がほんのちょっと変わったことから、背景に起きている心境の変化を推理するなど、まるで探偵のような嗅覚も持っている。一般社会からは、やや変わり者だと言われてしまう性質はあります。

そんな森の色が自信をなくしてしまうのは、どういうときなのでしょうか。

「推しが引退をしてしまった」ときです。

これは本当に落ち込みます。しばらく「もう何をしたらいいのかわからない」というぐらいに自信をなくしてしまう。自分の応援が足りなかったのだろうか、できることは少ないかもしれないけれど、もっとまわりも含めてサポートできることはなかったのか――。または、推しが所属している会社の環境はどうなっているのかなど、ショックから徹底的に背景を探ろうともする。

そんな森の色が自信をなくしてしまったときは、どうすればいいのでしょう。

ごめんなさい。アドバイスや解決策にはならないかもしれないのですが、ただただ想いと一緒に生きてください。

あなたが応援していた人が命がけで表現してきた舞台、言葉、生きざま、姿勢、その人が残してくれた時間を、一生をかけて語ったり、心の中に焼きつけていってほしいのです。

ある日突然、雷に打たれるように尊いものを発見してしまった。ときに応援し続けるのがつらいときもあったけれど、それ以上に、どんなに自分が苦しいときでもその人から支えられ、勇気や明日を生きる元気をもらった。

そういう「尊い存在」が人生にできてしまうことは素晴らしいのですが、同時に、簡単に説明できないぐらい大変なことでもあるはずだから。

自分以上に大事な存在って、普通、多くの人が持とうとしても持てるものじゃありません。

森の色

「大事な試験があるのに、またずっと動画を観てしまった」などと、他のことに手がつかなくなってしまったり、自分が好きな世界や人、もの以外にまったく興味が持てなくて困ってしまう——なんていうこともよく起きます。

感情の持つ力が強いから、「好き」が暴走してしまったときに、どう収めていいのかわからずに突っ走りすぎてしまう。そういう場面で自信をなくしてしまうことがあります。

もし、自分の感情や気持ちを「ある程度コントロールしなければ」と感じたら、お寺や神社などに行ってみたり、あるいは、古典なども読んでみてください。**どううまく生きるかではなく、どう自分の精神を修《おさ》めていくか。そこに森の色の課題があります。**

現在流通しているもの、現代の流行などに対しては、好き嫌いが激しく出てしまうので、歴史書や古典といった、その物語の成立から200年以上たったものに救われることもあります。

好きな漫画文化の、江戸時代における起源を探るといった知的な作業もきっと探究心をくすぐります。世の中の不思議をマニアックに追究したり、縄文時代の文化や地層、日本の神仏の歴史などを調べたりするのも幸せな時間になるかもしれません。

人を許す気持ちを持ち、いくつになっても修行をやめず、心を修める。そして、大きな時間や空間の物語を知ると、自分の人生が一瞬であることが感じられます。その一瞬の中で「何を大事にして生きていくか」と考えていく。

対象との一体化の感性がある森の色は、修行の才能があるのです。修行を積んだ森の色は、感情のあつかい方がうまくなり、持ち前の行動力やアイデアの力を活かして、まわりにとってなくてはならない人になっていきます。

共感力が高いあなただから、ときに自分が先頭に立ってまわりを引っ張り、別の機会においては後ろに回って、誰かの背中を押してあげる。改革者としての才覚と熱情に恵まれているのです。

誰かの熱い魂に触れ、それを受け取った者として、その想いを背負う使命や役割を担っている森の色。不器用だけど自分を一生懸命に表現しようとしている人を、これからも応援してあげてください。魂の見届け人、それが、あなたの役割なのだから。

黒

「移動オフィス」をあちこちにつくる

黒はすべてのカラーの中でもとくに強い「変人性」を持っていて、人生も「ゴーイング・マイウェイ」です。自分で決めた好きなこと、「365日集中し続けても、まだまだやり足りない」と感じてしまうような追究分野を持ち、一般に「職人さん」と呼ばれているような人も多いです。

では、そんな黒が自信をなくしてしまうのは、どういうときなのか。

それは「問題を放置しすぎて、もう対応が間に合わなくなってしまったとき」なのです。

黒は定期的に、「自分の作業に熱中しすぎて、提出しなければいけない大事な書類を忘れてしまった」とか「面倒くさくて放置していた人間関係のトラブルが修復不可能になり、社会生活に影響が出てくる」というようなシャレにならないことが人生で起こりがち。

問題に対する第一手が「興味を持てないから放置」なのです。その結果、どうにもならなくなったときに、「初動でもっとちゃんと対応しておけばよかったのに……」と、自信が崩れていきます。

では、そんな黒が自信を失ったときには、どうすればいいのでしょうか。

どこかで「逃げないぞ」というゴングを鳴らし、正面からぶつかっていくことが必要になります。黒は繊細だけど強い人です。

「一芸に秀でる」という言葉がありますが、ひとつの能力にパラメーターを全振りしているような特殊な人。まわりからも、「あなたは好きなこと、得意なことだけしていればいいよ」と、才能を認められ、手助けもしてもらえる。「まわりのおかげ」でさまざまな問題を奇跡的に乗り越えられてきたところもけっこうあります。

だからこそ黒にとって「どうにもならなくなったこと」や「なんとかしなければもっと問題は悪化するであろうこと」は、けっしてネガティブな出来事や運の悪いことではありません。

むしろ「自分が抱える問題点や、まわりに対する姿勢」を見直す大きなチャンスに

黒

なります。今までは興味が持てなかった問題や課題について、スケジュールを立て、作業フローをつくったりして、主体的に取り組んでいく。「嫌なことには真正面からぶつかってしまう」のが、あなたにとって大きな自信になるのです。

もうひとつ、黒は創造性や「独自の世界観」をつくり上げることにおいて、他の追随を許しません。その点では強烈な集中力を発揮できる人です。しかし、いつものように得意なことややらなければいけないことをやっている最中に、「あれ？　全然集中できない」とか「なんだか発想が全然かみ合わない」などと、自分のクオリティの低下を感じてしまうことがあります。

それは、「集中しすぎによる、燃え尽き」が訪れたサイン。黒は「ひとつのことをずっとやり続けられる人」だからこそ、気づかないうちに体力や頭脳の限界を突破してしまいます。

そうなったら「移動オフィス」を考えてみてください。

つまり、**自宅や自分の勤め先、そういう日常の領域を超えるためにホテルや旅館を転々としてみる。旅先で仕事をしたり、読書をしたりしてみる。**

いわゆる、今、流行りのワーケーションです。ふだんの生活では夜遅くまで作業をしたり、考えごとをし続けてしまう黒にとって、「旅+仕事」で外の世界に出かけていくと生活リズムが整って体調もよくなっていくでしょう。

こういう話をさせてください。

人を思いやる力があり、どこかで「自分がかかわる案件に関しては、人の期待以上のものを出していくべき」という目標を自分に課しているあなた。

簡単な2ページぐらいの資料を求められているところに、50ページ以上の資料を提出したい欲望を抱えている人です。

それは一種のクリエイター病みたいなものなのですが、その原動力の根底には「どうしてこんなことができるの？　すごい！」とまわりを驚かせたり、喜んでもらいたい気持ちが潜んでいます。

あなたのそういう「かわいらしさ」って、けっこうまわりにバレているんですよ。「私ってかわいいよな」と思っちゃってください。

まわりと協力しながら、あなたにしかできないことを、子どものように熱中してやる。それこそが最高の人生なのです。

金色

「楽しい」を忘れない

金色の人のパワーってやっぱりすごいのです。初対面の人と5分話すだけで、「あなたと末永くやっていきたいです」と言われてしまうことがあったり、全カラーの中でもカリスマ性と奇跡をつかんでいく力が飛び抜けています。

そんな「奇跡の人」である金色が自信を失ってしまうのは、どういう場面なのか。

それは「『あれ、私に対して思ったより注目が集まらないな』と感じたとき」なのです。

強烈な実行力と人を魅了するカリスマ性、そして、誰も思いつかないような発想力を備えた金色の人を支えているのは「私ならできて当然！」という自負心です。

だからこそ、自分が手がけているプランや事業がだんだんとスケールダウンしていったり、思ったよりもまわりの反応が薄かったり、インフルエンサーや業界人の注目を受けなかったりすると、みるみる自信をなくします。

では、金色が自信をなくしてしまったときは、どうするのがいいでしょうか。

キーワードは「人を大事に」。

「人を大事に」って、どの本やどの人も言っているメッセージでは？　はい、すごく基本的なことで、真新しいことはなにもありません。

しかし、こういう基本こそあなたの自信を回復させ、さらなるチャレンジの土台になってくれます。

金色は「羽の生えたブルドーザーが、時速３００キロメートルで空を飛びまわっている」という雰囲気の人です。

パワフルで、俊敏性があり、思い立ったら「よし、じゃ、もう今それやっちゃおう。ニューヨークへのチケット押さえといて！」と行動しちゃう人です。

誰かを笑顔にさせたり、会う人会う人に驚いてもらったりするために、自分に求める基準が異常に厳しい。

「スピードが遅い人や気合いが入っていない人は、ここから去って」と、自然と他人

金色

にも同じ基準を求めてしまう。

もちろん、あなたが生きている世界は「真剣勝負の戦場」でもあるから、生ぬるいことは言っていられません。

だけど、あえて**「自分が持っている強さを相手に求めない。それに、強さはひとつだけじゃない」**と考えてみてください。

それを思うだけで、あなたもまわりも救われていく。そのような多面性とやさしさを持ったあなたは、まわりから「あの人にはもっと活躍してほしい」と応援されます。

「人を決めつけない」「人を選別しない」「あなたに会えてよかった」

それが、金色の自信を回復させてくれるキーワードや姿勢です。

他の人が一生懸命やった仕事を見逃さないこと。もし失敗を見つけても、勇気を出してチャレンジした人の視点を見逃さないこと。

自分にとっての「特別な人」とのつながりだけに一生懸命になるのではなく、どの人とのつながりも大切にすること。

それができたときに、あなたは再び奇跡を起こし、注目を集めることができます。

もうひとつ、あなたは「世界で起きている理不尽や、希望のなさ」を放っておけない人です。差別があったら闘い、がんばっている人が報われない社会の中で、「自分にできることはないか」と義憤をたぎらせ、立ち上がろうとする。自分だけでなく、他人や社会、そして、子どもたちの未来のことも考え、「なんとかしなければ」と考えているでしょう。

金色の人のスケールはやはりすごいのです。でも、大きな「失望」に対して戦いを挑み続けると、自分自身が世の中を信じられなくなり、人に対して落胆し、周囲に壁を築いてしまうことにつながります。

どうか「楽しい」という原点を忘れないでください。 どんな活動をするにしても、そこに「楽しい」がなければいけないのです。「不謹慎かもしれないけど、これをやっていると楽しいんですよ」と言えているときは大丈夫。

あなたは元来、いい加減で、自分が大好き。「私の運のよさをみんなに分けてあげたい！」という、調子のズレた大らかさで、まわりを動かしていくのだから。

あなたが超人的にがんばっていることはみんな知っています。だから、「楽しい！」を絶対に忘れないで！

PART
II

口」を癒やすために

ピンチって意外と、
ピンチじゃないかもしれないのです。
これまでの自分の「成功ルール」を手放して、
ちょっと新しい風を入れてみる
チャンスだったり。

先が見えなくて不安なときこそ、
すう〜っと深呼吸。
今、自分ができることを1つずつ。
お茶でも飲んで休憩してから、
また始めていきましょう。

「やわらかいココ

3

しいたけ．直伝！
ココロのお守り

「人生の波」に抵抗しない

スランプはちゃんと落ちきってみる

いわゆる「運が悪いとき」ってあるじゃないですか。なんだか知らないけどあちこちで足を引っ張られるとか、家電が全部ぶっ壊れるとか、終わったと思っていた仕事にトラブルが発生したり、チャレンジしたことに対してことごとく結果が出ないとか。裏切られ系とかもつらいですよね。

僕はそういう状態のことを「不運の乱気流にハマる」という言い方をしているのですが、そのときに人はどういう状態になっていて、また、どうしたら抜け出せるのか。ちょっと書いてみたいと思います。

僕も何回か人生で「運がとことん悪いとき」——なんかもう、不運の乱気流と悪運の滝つぼを合体させたようなところに入ったことがあります。

多分あのころ占いなどに行っていたら、お祓《はら》いを勧められていたであろうレベルです。

ただ、占い師としてこれまで仕事をしてきた経験から、**「運が悪いときには落ちきってみること」も必要になる**のだと考えます。

もちろん、「不運を回避できるアドバイス」とか「ネガティブから最短で脱出する方法」というような話のほうがいいのは重々承知していますし、誰もそんなスランプや、不運の乱気流の中には入りたくないものですよね。

人生には何度か「筋トレ期間」がある

順番に話をしていきましょう。

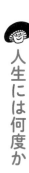

去年、脚本家で占い師でもある中園《なかぞの》ミホさんと対談させていただいたときに、個人的にいちばん盛り上がったのは「誰しも不運期はあるよね」という話だったのです。

占いには「空亡《くうぼう》」と呼ばれる時期があり、ハッキリ言って、この「空亡期」にどんな努力をしても、まったく結果が出ないと。
だけど「なにもしない」のはちょっと違う。その期間は「ゆっくりバカンスしてね」というう期間でもない。「やりたいことに向かって、丁寧にもがきまくれ」みたいな、そういう「筋トレ期間」でもある。
あ、もちろん、「空亡期」の解釈は占い師によってかなり変わってくるので、これは個人的な考えであることを書き足しておきます。

「私、呪われているのかな？」と思ってしまうぐらいに結果が出ないとき、それは「運の後押し」が1回終わった期間だと考えてみてください。

運の後押しって、今までだったら「自分の実力や努力」に対して、プラス20％ぐらいの結果がついてきた期間。自分のミスや失敗、そして、いわゆる不運に対しても、20％ぐらいの安全ネットみたいなものが作用していたのです。
しかし、「運の後押し」がなくなってしまったときって、追い風は吹かないし、ダメージを受け止めてくれていた安全ネットみたいなものが取り外されてしまう。

「なんでそんな期間があるんだ？」

と問われると、これはもう、「新品の運」と取り換えているからだと思います。

運の後押しも、運の安全ネットも、そのときそのときの耐用年数があるし、今の自分の規格に合わせて、バージョンアップしていかなければいけない。

たとえば、ある人がスポーツをやっていて、3年目まではすごく活躍していたけど、4年目にスランプにおちいったとします。

それは「スランプ」として表面的に出てきているんだけど、裏側では「後押ししてきた運の衣替え」が行われている。3年目と4年目では、その人が学んでいくべきこと、成長していくべきところ、見ていく視点などがまったく変わってくる。

僕はよく「運にも体力がある」と言っているのですが、「運の衣替え」のときは、運の体力が0になっています。だから、安全装置が働かず、小さなことでも直接ダメージを受けてしまうし、ダメージがかなり連鎖しやすい状態なのです。

「ここだけはちゃんとやろう」を決めておく

では、どうすればいいのでしょう。

この項の最初の見出しにあるように、こういうときは腹をくくって、1回「ちゃんと落ちきってみる」という作戦がいいです。

「あー、このときが来ましたね。追い風が吹かなくなりましたね。今までの私の運、本当にありがとう。お役目を終えたんですね。よし、じゃあ、新しい運がいらっしゃるまで、とことんこの悪運と向き合ってみよう」と宣言してみる。もちろん自分が少し落ち着いてからでいいです。

その日から具体的に何をすればいいのかというと、まず「ドン底のレベル」を自分で決めてみてください。

どんなにダメージを受けていようが、どんなに疲労が蓄積されていようが、「玄関だけはきれいにしておこう」とか、「チャーハンだけはおいしくつくろう」とか。

ひとつだけでいい。どんな状態であろうと、「ここだけは譲らないぞ」という美学は残す。それを「自分の最後の誇り」という名の、結界にしてください。

それで、「神さま見てる？　私こんな状態なのに、玄関だけはきれいにしているんですよ。やっぱり私は並の人間とは違うわ～」と、運を統括する上司（＝神さま）へのアピールも忘れないでください。

自暴自棄になっちゃうこともあるけど、ひとつの美学や結界を持っておくと、復活や新生が早くなっていくから。

ちなみに、このときに決めた自分のルールや「ここだけは守るぞ」という結界は、そのあと自分がどんなに成長しても、幸運の風に乗っていても、また自分にエンジンをかけてくれる大事な原点になってくれます。

運が悪いときにこそ、「仕事だったらここだけは守る」「プライベートだったらここだけは守る」と、それぞれの分野にひとつだけ大事なことを決める。

「機嫌が悪いときにこそ、おのれのプライドを賭けて人に丁寧に接する」とか。

その死守してきた美学や結界から、芽が出てくるから。あなたにしかない魅力や輝きという形で、新しい芽が出てきてくれる。

スランプや悪運によって不必要なものが削《そ》ぎ落され、意地と執念と美学が昇華した、あなただけの新しい可能性が開くのです。

「つらさが理解されない」のはキツいし、とんでもなくつらいときは絶対にひとりで抱え込んではいけません。

だけど、今すごくさわやかに笑えている人って、そういう「ドン底期間」にとことんつき合ってきた人だったりもするから。

「大丈夫だよ」って言ってみて

僕は疲れているときにツイッターを見られなくなることがあります。

ツイッターのタイムラインに流れてくる「いろいろな声」に対して、肉体的な痛みを感じてしまうから。

とくに、群衆の前に立って、まるで演説のように相手に大声で訴えかけ、痛みを共有するかのように、強い言葉を発する声。

そういう声が聞こえる気がして、「うっ」となってしまうのです。

読者のみなさんも、友だち、上司、知り合い、初めて会う人など、相手の「声」を聴いているときに自分の「耳」と「胸」のあたりがどう振動しているかを確かめてみてください。

たとえば、親友の声はお互いに信頼し合っているから、心地よいリズムとして耳や胸に響いてくるでしょう。

でも、**あまり気が合わなくて、こちらにマウントを取ろうとしてくる人の声は、自分の耳なり胸なりに「響きすぎ」という形で届きます。**

「いやあ、○○ちゃんね、働きすぎだよ！」と心配してくれるその言葉はうれしいんだけど、どこかその「声」には「最近、つき合い悪いよね」とか「私以外の人間には気をつけなさいよ」という圧迫感を感じる。

その人と会ったあと、帰路につくために駅に着いた瞬間に、「ふー」と解放されたような安心感を覚えたらどうでしょう。

その人と会っている自分は「義務」かもしれません。そういう相手とは距離を保ってつき合ったほうがよかったりします。

そういえば、昔、ある本に**「声のトーンがワンパターンの人は信用できない」**と書かれていたことを思い出します。

僕は、

「その人の表情のバリエーションと、その人が持つ声のバリエーションはリンクしている」

と感じています。多くの人は、大きく3つのモードの表情と声のバリエーションを持っています。

❶戦闘モードの声：仕事での商品説明など「戦闘服を着て、きちんと声を張らなければいけないとき」のモード

❷戦闘とプライベートモード半々の声：親友以外の知り合いや、少し打ち解けているときのモード

❸プライベートモードの声：自宅の部屋にいるときや、親友に話しかけるときの声

余談ですが、ドラマのシーンなどでよく、夫の浮気が妻にバレるシーンがありますよね。

あれは、本来家庭に帰ってくれば、❸のプライベートモードの声になるはずなのに、

「ただいまー」と言った声に「妙に気を張った」❷のモードが入ってくるからだと思います。それが違和感のもとになるのですね。

まるで温泉につかった気持ちで

現代人はどうしても「働きすぎ」という問題を抱えています。

僕がお会いする人の声のトーンや表情も、❶の戦闘モードが多かったりしますね。意識をずっとONにしておかなければいけないから、どこかで自分を崩すことができない。その結果、他人と打ち解けるということじたいがどんどん難しくなる。

もっと言うと、「休日であっても休んだ感覚がしない」というのは、ずっと表情と声が硬直してしまっているからではないか、と僕は考えています。

では、どうすればいいか。これはすぐにできます。5秒でできます。

立ち止まって、誰もいないところで自分に「大丈夫」と声をかけてみてください。

注意したいのは、自分が「大丈夫」と言った声が、どう響くかを感じてみることなのです。

大丈夫という言葉はひとつでも、その言葉の背景に流れている声のトーンは、無数にあるはずだから。

◎「大丈夫！」（こんなところで落ち込んでいられないんだよ）

◎「大丈夫！」（まだここまでしか終わっていない。はー、今日も遅くなるな）

◎「大丈夫」（あなたよくがんばったよね）

◎「大丈夫」（一緒になんとかしていこう。大丈夫）

コツとしては、まるで温泉につかった気持ちで。

頭の中でイメージできたら自分に「大丈夫」と言ってあげてください。自分の体温が少しだけほっこり温かくなる気がしたらＯＫ。

この「大丈夫」を習慣にしましょう。

自然と、他人にかける「大丈夫だよ」という言葉や、その他のあらゆる言葉を、適度な温度で届けていくことができますよ。

「ピンチ」は、大切なタイミングかもしれない

ずいぶん昔、個人鑑定をやっていたころに「ちょっと相談に乗ってください」と急に連絡が入ることがよくありました。いわく、

「私、自分に自信がなくなりました」。

こういう相談がけっこう多かったのです。これはとても興味深い現象です。自信をなくすとは、どういうことなのでしょう。

人によってさまざまな定義があると思いますが、僕なりの定義はこうです。

「今まで少なくとも70点から１００点を取れていた分野について、全然その点数を取

れなくなった」

たとえば、飲み会などで人を笑わせるのが得意な人は、ちょっとがんばれば「場の大爆笑」をつくることができた。でも、最近は思うように自分の笑いが取れなくなった。

それ以外に、仕事の面でもプライベートの面でも「今まで70点は取れるだろうと思っていた分野で、なかなかその点数を取れなくなってきた」となるとけっこう焦りますよね。

その結果、「あれ、なんか自信がなくなってきたな……」と感じてしまう。

ただ、僕のような立場から言えば、「70点〜100点が取れなくなってきた時期」というのは、とても大事な転機なのです。

つまり、**「自信をなくすタイミング」というのは、別の角度から見ると、「今までの70点では満足できなくなってきた時期」**ともいえます。

それはやはりすごいことで、「今までの定番のやり方でいけば70点は取れていた。でも、そのやり方じゃ満足できなくなってきたし、あんまり喜びを感じられなくなってきた」という意味です。

つまり、今までのやり方を少し壊してみて、「新しい試みや展開」を取り入れていく時期にやってきたのです。

「自分の家」に新しい風を入れてみる

でも、悩んでいる本人からしたら「自信がない自分」でいることはかなりの苦痛でしょう。早くそこから抜け出そうと、焦ったりもします。

だからこそ、「自分に自信が持てなくなってきたとき、何が自分に起きているのか」をきちんと知っておきましょう。

占いをやっていると、目の前にいる人の運が、「家」のように見えることがあります。

どういう意味かというと、ふだん、人が持つ運というのは「家の中に住むかのように」、玄関があって、そこにカギがかかっていて、大事なものをしまっておく寝室のスペースなどがある。

このように、家というのはひとつの結界なのです。

そして、その結界やバリアを個人も持っている。

家も個人も、「自分にとって好ましいものや人を選んで、自分のスペースの中に入れる」というやり方をしていますね。そこにはもちろん「腐れ縁」と呼ばれるものも含まれていたりもする。

でも、運が新しく入れ替わるときというのは、玄関のカギが開いて、今までつき合いのなかった世界の物語や人を、自分のテリトリーの中に入れていく感じなのです。

自信があるときというのは、自分にとって「必要なもの」「選ぶべきもの」「遂行すること」が意外にも、パターンとして決まっているのです。

でも、自信がなくなったときというのは、ネガティブなものだけではなくて、今までは選ばなかったものが自分の世界に新しくやってくるタイミングでもあるのです。

だから、**自信がなくなってきたときこそ、「今までの自分だったら選ばなかった音楽や映画、場所」を選んでみてほしい**のです。

話はちょっと逸《そ》れますが、僕は過去、「海派」というより「山派」でした。

海には興味がなかったし、海に休暇に行くなどという選択もしたことがなかった。

でも、ちょうど仕事で「なんだか60点台が続いているな。まわりからの評判は悪くないけれど、自分としてはこれでいいのだろうか」と考えだしたときに、不思議と、湘南《しょうなん》や逗子《ずし》に住んでいる人たちと仲よくなったのです。

「逗子に来てくださいよ」と言われて、誘われるままに行ってみたら、自分が今まで無意識のうちに「かたくなに拒んでいたもの」を許せた気がしたのです。

山が好きなときは「ちゃんと準備をして、自分で全部責任を持って、ひたすら山道を登っていく」ストイックな感覚が好きでした。

でも、海も好きになったときには「流れに任せて、自分を許そう」と、ちょっと自分をゆるめることができたのです。


自信がなくなったときは、今までの自分が選ばなかったものを選んでいく。

「少しだけ、今までの自分のやり方を壊す。壊したところから、今まで知らなかった新しい世界の風が入ってくる」

そのタイミングが、すぐそこまで来ています。

「オチのない、どうでもいい話」をする

noteなどでお悩み相談をしているのですが、その中でもけっこう多いのが、

◎好きな人が見つからない
◎誰かを好きになることがない
◎友だちはいるけど、特定の誰かに対して心が動くことがない

多くは恋愛面なのですが、「心が動かないので悩んでいる」という人が一定数いらっしゃるのです。

でも、「心が動かない」って、大人になるとけっこう普通にあるんじゃないかって思います。

具体例をあげると「昼ごはん何にする？」と友だちに言われて、「うーん、今日はなんでもいいなぁ」ってときがあったりするでしょう。

自分ひとりでいても、夕飯に何を食べるか、選ぶのが面倒くさいときって正直あるんじゃないでしょうか。毎回「今日はハンバーグが食べたい！」って目をキラキラさせては答えられないということ。


つまり**「心が動かないことって、とくに異常事態ではない」**のです。

だってそりゃ、仕事も忙しいし、人それぞれなにかを背負って生きているわけだから、いつも誰かに心を動かされていたら体が持たないんじゃないでしょうか。

ただ、「昼ごはん何食べていいかわからないや」という状態が、毎日、1カ月以上続いたとしたら、ちょっと困ったことではあるかもしれません。

なんだか心が動かないときは

恋愛や対人関係で、

◎いつも心が動かされない
◎誰かを好きになることがない
◎誰かと一緒にいると疲れる

という症状を抱えている人って、「誰かと会うと、その人を喜ばせなければいけない」と思っていたり、「相手に対していい報告をしなければいけない」と思っていたりするパターンが多いです。

たとえば、みんなと会う前にテンションを上げておいて、それなりに楽しい時間を過ごせた。「じゃあ、また会おうねー」と言い合って電車に乗り込んで、ふとLINEを見る。そこで「今日は楽しかったね。また今度会いましょう」とメッセージが入ったりすると「はぁ～……」とため息をついてしまうことが多い。

こういう人は「誰かと会っているときにいい報告をしなければいけない」というプレッシャーが大きい人です。

ＳＮＳはとくにそうなのですが、自分のプライベートも発信しなければいけないじゃないですか。何を食べたとか、どこに遊びにいったとか。その投稿によって「イケてる／イケてない」という評価が他人からつけられたりする。

だから、見る人の気分を害さないように、炎上しないように、みんなが「イイね」と思うことを思考して、やらなければいけない。

その「気づかい」って、じつは「恋愛において心が動かされにくくなってきた」ということと関係しているんじゃないかって僕は思っています。

僕はＳＮＳが普及する前に青春時代を送っていたのですが、その時代って、すべての人がミステリアスだったんです。

ちょっと気になる人と仲よくなって「休日何してるんですか」って聞くと「今、みそ汁づくりにハマってます」と言われたとします。その程度のことで「あ、この人のこともっと知りたいな」って思ったりしました。

個人的な感覚でしかないのですが、ＳＮＳが普及した今って、相手のプライベートに踏み込んで興味を持つことは、けっこうハードルが上がったと思います。

だって、どの人も「耳目を集める話をしなければいけない」という重荷を抱えているから。どうでもいい話がなかなかできないのです。

SNSでも、実生活でも、対人関係での評価を上げ続けなければいけない、とまじめにとらえすぎてしまっている人って、心が疲弊していきます。

やがて、心が動かなくなっていく。だって、人を好きになるのってすごく体力を使うことでもあるからです。

あえて「イイね」がつかないことを言う

ときどきは、**「SNSで〝イイね〟がつかない、どうでもいい話を実生活でする練習」をしてほしい**のです。

これってけっこう大事なんですよ。

つねに緊張感を背負って「よい報告をしなきゃ」とか「よい話をしなきゃ」とか「相手に喜ばれなきゃ」と思っている人が、人を好きになることってかなり難しいのです。

だって、そういう人って素が出せないから。すべての対人関係で「努力して相手に合わせなければいけない」と考えがちではないでしょうか。

そういう人にやってほしいことは、知人でも友人でも、たまたま喫茶店で隣になった相手でもいいのですが、**「どうでもいいことを堂々と話している人」の話術をコピーして、自分なりにアレンジしてほしい**のです。「まぁまぁどうでもいい話」を実生活でアウトプットしていく。

僕の場合、いちばんやりやすいのが美容院。

美容師さんに「○○さん、この夏どっか行ったんですか?」なんて、話しかけちゃいます。美容院での会話って、「爆笑」を求められないから。相手も作業をしていて、自分も鏡を見ていますし。

ここで意識するのが**「おもしろいことを言おうとしない」「オチがなくてもいい」**ということです。

話題のトピックが思い浮かばない人は「もし今、お金の心配がなくて、休みが取れたら3日間ぐらい何をしたいか」という架空の話がけっこう使えます。

「ペンションみたいなところに行って、ずっと釣りしていたいんですよね。それで、その場で魚を焼いて食べて、夜は火を囲んでくだらない話をしたい」とか。

人と会うのが疲れる、人と会って何を話したらいいかわからないと思う日もあります。そういうときは無理にがんばらず、自分ひとりでバーにいると思って、イメージで氷をカランカランって回すしぐさをしてみてください。

そのときに自分が何をしゃべるのか聞いてあげてください。

試しに今、僕がやってみますね。お酒飲めないけど。

「マリオパーティーしたい」

だそうです。それでいいと思います。そういう「どうでもいいこと」をしゃべると、「やれやれ」と言いながらも、面倒くさいことにも向き合っていける。

いい大人こそ、いい「逃げ」の時間が必要だと思います。架空のバーに慣れてきたら、実際のバーに行ってみてもいいかもしれません。

忙しい「完璧さん」に伝えたいこと

僕が占いをやってきて、おそらく現場でいちばん多く聞かれた言葉が、

「どうしたらいいでしょうか？」

でした。

「転職を考えています。どうしたらいいでしょうか」
「恋愛をしたいです。どうしたらいいでしょうか」
「このことについて悩んでいます。どうしたらいいでしょうか」

というものです。そして、そのような質問を日々受ける中で、僕の中でこんな考えも浮かびました。

「今の日本人ほど、日々自分に起こる問題を『全部自分の責任』としてとらえて、それを乗り越えるために努力している人たちって他にいるのか？」

話は飛ぶかもしれないですけれど、仕事やプライベート、さまざまなことに対して「自分がなんとかしなきゃいけない」という局面が重なったりすると、多くの人が「ハワイに行きたい」とつぶやくじゃないですか。

実際にそうやってハワイに遠出をすることは難しいかもしれないのだけれど、やはり多くの人が「スケジュールと対応、対策、成長から一時的でもいいから解放されたい」とは考えていると思うのです。

「いろいろなことから解放されたい」というセリフの要約が「あー、ハワイに行きたい」なのだと思います。

「何かしなきゃ」に追われる「完璧さん」

自分自身の調子がいいときって、朝起きて、仕事をするにも勉強をするにも、「本業に入るまでにエンジンがかかるのが速い」のを前提に計画できます。

どの人も経験があると思うのですが、「あれもやらなきゃいけない。これもやらなきゃいけない」と、タスクをいろいろ抱えているときほど「エンジンがかかるのが遅い」状況になってしまいます。

締め切りが迫っている中、思わずスマホをダラダラ見る時間が長くなってしまうのって、多くの人が経験していますよね。

極端な話、やらなきゃいけないことから「逃げる」って、なかなか難しいです。

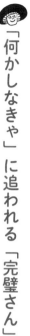

どうやったら不調を抱えながらがんばることができるのか。

「あれもやらなきゃ、これもやらなきゃ」と思っているときに注意しなければいけないのが、

◎いつのまにか「完璧さん」になっている

◎今の自分にできないことを断ることに〝異様な〟罪悪感を抱えてしまう

この2つの気持ちが出てくることが多いです。

「いつのまにか〝完璧さん〟になっている」というのは、「ここまでいろいろな人を待たせたり、期待されている以上、いい加減なことはできない」と考えてしまうからです。

もし、自分が「完璧主義」になりすぎて、きちんと仕事やタスクをこなさねばとプレッシャーを感じまくったら、次のようなやり方を取ってみてください。

「すごくなめた口調で勝利者インタビューをやってみる」

です。

「いやぁ、多分、他の人たちだったらつぶれていたよね。こんなに大変な案件が重なるときもなかったわけだし。正直、私もなめてたっすわ。もっと楽かと思ってお菓子食べてたら、こんなになっちゃったよね～」って。

ちょっとだけ自分に余裕をあげよう

「なめた勝利者インタビュー」はすごく有効です。

「やろうと思っていた仕事にいいアイデアが浮かばないとか、そもそもやる気のエンジンがかからない」って、自分の体や精神の中で「なんでここまで私が追い詰められなきゃいけないんだよ」という、ストライキが起きているのです。

ストライキを起こすことで「ここまで自分につらくあたった自分」に反発している。だからやる気が出ない。

そういうときに「なめた勝利者インタビュー」をすることで自分と協力関係になれるのです。「これからやることは楽しいよ」と錯覚させることもできます。

もうひとつ、「今の自分にできないことを断ることに〝異様な〟罪悪感を抱えてしまう」場合は、自分になにかを頼んできた人が「幸せそうな表情をしてハワイのビーチで寝そべっている」というイメージを持ってみてください。

罪悪感を抱えやすい人って「きっと私がこれを断ったら、相手が途方に暮れてしまう」などという「相手の不幸なイメージ」を持ってしまっている。

だから、「あ、ハワイのビーチで寝ているってことは、その人はちゃんと休めているし、幸せなんだな。よし、じゃあ自分でなんとかしてちょうだい（笑）」と思える。

不思議と「相手が幸せそうに笑っているイメージ」って、想像以上にいい効果をもたらします。

とくに季節の変わり目には仕切りなおしとか、バタバタに巻き込まれて、ゆっくり呼吸もできていない人が多いと思います。

ぜひ、ここで書いたことがお役に立てばうれしいです。

したいことが思いつかない休みの日

「もし、休みを取ることができたら、何をしたい？」と尋ねられれば、何と答えるでしょうか。

たいていその人なりの「リセット方法」があるはずなんですよね。たとえば、「1日家に引きこもってゲームをする」「買い物に出かける」「仲間と会って居酒屋に行く」とか。

もう少しゆっくりしたいときは、電車を使って温泉に行くとかもありますよね。

その人なりのリセット法を試してみて、日ごろの疲れを取って回復する。多かれ少なかれ、そういう流儀はみなさんお持ちだと思うのです。

でも、これはちょっとワタクシ事で申し訳ないのですが、僕はある時期、仕事もプ

ライベートもめちゃくちゃ忙しくて、久しぶりに「休みの日に何をしよう？」と考えても、

「いつも使っていたリセット方法を、やりたいと全然思えなくなってしまった」

という事態になったのです。

別に、肉体的にはそんなに疲れているわけじゃないんですよ。でも、たとえば以前の僕だったら「廃人デー」というのをつくって、1日引きこもってずっとゲームをしていたのです。ピザポテトを食べながら。

でも、なんだか今は「よーし、ゲームをするぞ！」という休みの日特有の気合いが入らない。

これを読んでくださっている方の中にも「以前と比べて、休みの日に何をしたらいいのか、よくわからなくなった」と感じている人もいらっしゃると思うのです。

僕が占い師という立場で人を見るときに、**その人の身に起きている変化は「自分が持つスケール感が変わってきた」こととみなしていいんじゃないか**と思います。

自分が持つスケール感が変わってくると、休みの日に何をしたいかが変わってくる。

これは、多くの人に起こりうることです。

もちろん部屋でずっとゲームをしていた人が、毎週土曜日にヨットに乗って歌を歌うとか、一気にアクティブにならなくてもいいです（笑）。

そうではなくて、自分のスケールが変わってきたときには、どこかで、

「今までの自分をいったん破壊したい」

という気持ちが強く出てくると思うのです。

「海は見たいけどいつもの海じゃなくて、気候も、匂いも、言語も、そこに集まる人々も、雰囲気がまったく違う海を見てみたい」

というふうに。だから、今からちょっと無茶なことをお伝えします。

今までやっていた休日の過ごし方や、リセットの仕方にほとんど効果を感じられなくなってしまったとき。

その状態の延長で、仕事などはやるにはやっているけれど、休日にリセットをしても、再び大きな風が動き出す感じがしなくなったとき。

ただ目の前に来たものごとを、自分が機械の部品になったつもりで忠実にこなそうと思っているとき。

そういうときに必要なのは、「今までの自分のスケールの破壊」なのかもしれません。

だから、もしよければ近場でいいので、海外に行ってみるのはいかがでしょうか。日本国内でももちろんいいけれど、**「五感のすべてを入れ替える」という体験は、海外のほうが手っ取り早い**から。

僕は今、台湾に行ってみたいのです。あっちの言語って、マシンガンとか爆竹のように楽しく聞こえるし、天国と現世が一緒になったかのような風景も見てみたい。屋台の匂いも嗅いでみたい。

自分の予測ができない五感のある場所に行ってみる。

それがじつは、自分のスケールの破壊になるのだと思います。

「あ、弱ってきたな」のセンサー

最近、ある人と会った後に、すごく肩が重いなあと感じました。

昔、占いの個人鑑定をしていたころは「肩が重くなる」という現象にわりと頻繁《ひんぱん》に出会っていたのですが、今はめったにありません。

ただ、**誰かと会っていて体の一部が痛くなったり、重くなったりするのはけっこう重要なセンサー**だととらえています。

今回のように「肩が重くなる」という現象は「相手が自分に対して大きく依存してきている前触れ」だということが多かったです。

だから、僕は昔からそうなのですが、「あ、この人と会うと肩がすごく重くなる」と感じてしまった人に関しては、お互いのためにちょっと距離を取ったりしました。

「距離を取る」とはどういうことかというと、相手に自分の個人情報を言わない。

そして、相手が持ってくる「共通の話題づくり」に対してあんまり乗らない。

相手から「どちらご出身なんですか？　あ、けっこう近いですね」などと言われても「まぁ、北と南でだいぶ違いますしね」とか言っちゃう。ごめんなさい、冷たくて。


自分に甘いかもしれないし、こんなことを暴露してしまった件については許していただきたいのですが（最近疲れる人に会った、なんてすごく失礼な言い方ですし）、**「疲れや痛みを感じたときに、それが自分の中に本格的に侵入してくる前に、退避する。もしくは気をつける」というのは、僕のような「弱い人間」が取ってきた自衛策**なのです。


僕が何年も占いという仕事を続けてこられた理由のひとつとして、おそらく僕が生物体としてかなり弱い存在だからだと思っています。

もし、強かったらいろいろ無理ができたはず。

ちょっとやそっとの「肩の重さ」なんて無視したと思うし、仕事もバリバリ予定を入れて自分の限界を超えようとしたと思います。

「この人が言うことはいちいち傷つくんだよな。でも、そんなこと気にしているのは自分だけかもしれないし、彼は成功していていろいろな知り合いがいるから、彼が言っていることは正しいのかもしれないな」なんて思ってやりすごしていたでしょう。

でも、今振り返ってみても、自分が弱いからこそ「無理しないほうがいいな」と感じてきちんと逃げたり、距離を取ったり、バカなふりをすることができました（「いやぁ、○○さんすごいっすね。あ、明日早いからこれで帰りますね」）。

そうやって自分を守ってきたのです。

戦うときは戦う。でも、戦っても消耗しかないところでは「弱さのセンサー」を信じちゃったほうがいい気がします。

「無理しない」という生存戦略

以前、ある人がすごくいいことを言っていました。

「自分の範囲外にある情報の摂取には気をつけたほうがいい。だって、アメリカの大統領が誰になったとしても、それによって世界的な影響はあるかもしれないけれど、僕らにできるのは目の前のことだけ」と言っていて、すごく共感しました。

これは別に「すべての情報と距離を取れ」とか「世界のニュースに対して無関心でいろ」とか、そんな乱暴なことを言っているわけではありません。

「自分にできないことを嘆き悲しんで元気を失っていくよりも、さらに、それによって『こんな世界に誰がした』と感じてやり場のない怒りを溜め込んだりするよりも、自分にできることをして、無理をしない範囲で、自分のまわりに幸せを少しずつ増やしていくほうがいい」という考え方なのです。

怒りや不安に対して「なにも感じないようにしろ」というのは、悟りでも開かないかぎり不可能だと思います。でも、ちゃんと自分の心を守るためのやり方はあります。

それは、言葉にするとありきたりになっちゃうかもしれないのですが、

「あれこれ考えてもしょうがないことを考えて時間をつぶすよりも、今の自分にできることをやって幸せを増やす」ことです。

今日、僕は「1日がんばったから家に帰って食べよう」とお菓子をウキウキしながら買いました。

イライラしながらお菓子を買えば、やけ食いになります。だからこそ、イライラしていても、午後がなかなかうまくいかなかった日があっても、「お菓子を選ぶ時間」は神聖な時間として、そのイライラ感をプライベートに持ち込まないようにする。

イライラや不調から自分の身を守るために、「自分だけが楽しい」という神聖な時間をちゃんと持つ。

このご時世、そういうことがすごく大事なんじゃないかと思います。

無力に見えるかもしれないけれど、自分勝手な楽しみかもしれないけれど、他人から見たらバカみたいに思えたり、無駄に見えるかもしれないけど、きちんと「自分だけの楽しみ」という神聖な時間を持つ。

それがどんな状況でも自分の身を守ってくれるでしょう。

「いやぁ、しんどいねん」って言っちゃう効用

最近はあまりお会いできていないのですが、僕は師匠の名越康文《なこしやすふみ》先生（シンガーソングライター、精神科医）にちょっと薄暗い喫茶店でお会いする時間がすごく好きなのです。

名越先生は一時期、喫茶店の待ち合わせの席に座るなり「いやぁ、しんどいねん」と言いながらおしぼりのビニールを破り、ひととおり「最近あったしんどいねん話」をし終わったあとに「あ、そういえば頼んどらんね。僕はコーヒー頼もう。君は？」と言ってコーヒーを注文し、コーヒーを飲んで、また続きの「しんどいねん話」をし終え、しばらく放心状態に入るのがパターンでした。

長くなってしまったのですが、その一連の流れが僕はすごく好きなのです。

誰かに会ったとき、枕詞として「いやぁ、しんどいねん」がある。

それってすごく素敵な時間だと僕は勝手に思っています。

「会話を上げていかなきゃ」のプレッシャー

友だちでも、家族でも、知り合いでも、仕事仲間でも、誰かと会う前って、「いい報告をしなきゃいけない」とか「最近経験したおもしろいことを話さなければいけない」とか、場合によっては「相手を笑わせなければいけない」というプレッシャーを感じてしまうことがあるでしょう。

人は、誰かと会う際に「上げなきゃ」という気持ちをけっこう抱えている。

ここで言う「上げなきゃ」というのは、テンションを上げなきゃもそうですし、その時間をお互いにとって「ためになる時間にしなきゃ」というプレッシャーもですね。

そのプレッシャーの裏側には「つまらないやつだと思われたらどうしよう」という自意識もたっぷり入っていると思います。

話をもとに戻して、僕は名越先生の「いやぁ、しんどいねん」を、ちょっと自分でも真似してみたのです。

家に帰ってきて、テーブルに飾ってあったミモザに「いやぁ、しんどかったー」と話しかけ、仕事場についたら「いやぁ、今日もしんどいなー」と玄関に話しかけ、誰かと会ったら心の中で「いやぁ、最近しんどかったです」と言ってみる。

そうすると何が起きたか。

「がんばらなきゃ」「なんとかしなきゃ」「今日を乗り越えなきゃ」と、**いつも知らずしらずのうちに背負っている緊張感が「100」だとしたら、「70」ぐらいまで落ちる脱力感**を覚えました。


美容院でカットしてもらっているときに、心の中で「いやぁ、最近しんどかったんですよ」と言ってみる。

そしたら、いつもだったら一生懸命「自分の話をしなきゃ」と気張っていたのが、担当の美容師さんに「あれ、今日のシャツ、いつもと違うんじゃないっすか?」と尋ねている自分がいました。

「いやぁ、しんどいねん」を生活の中に取り込むことによって、「台本以外のオチのないアドリブ」が入ってくるようになったのです。

「グチを吐く場所」導入のススメ

グチを吐く依存先を持ってみる。

それって、今の「上昇志向」の強い世の中においては、ネガティブとされるかもしれません。でも、**依存は「またその人に会って力を抜きたい」という、健全な「会いたい」のひとつの形**なのです。

話が飛んじゃうかもしれないけど、今の世の中で「好きなモノや好きな人がなかなか見つからない」という悩みは、もしかしたら、好きを「上昇」とか「成長」とか「刺激を受け合う」というカテゴリーで使いすぎているからかもしれません。

でも、「好き」ってそれだけじゃなくて、依存でもあるもの。

「日常の他愛のない1コマ」「脱力」「ぼけーっとおでんを一緒に食べる」とか、そういうことも「また会いたい」を引き起こす大事な魅力のひとつになってくれる。

魅力的な人は、けっこういい依存先を持っています。

おいしいレストランを数多く知っている人で、さらに、食べることをちゃんと楽しみたいという人は、他人には紹介できないけれど、ちょっとそこにかけてあるパーカーを羽織っていける居酒屋やカジュアルなお店を知っています。

今は、世の中全体にそういう時間が必要なんじゃないかと思うのです。そこらへんに置いてあるパーカーを引っかけて、出かけられる場所。会える人たち。

時速100キロメートルで走り続ける人生は、文字どおり誰もがしんどいです。

たまには時速を落として、「いやぁ、しんどいねん」と第一声で言ってみて、きちんとくだらないグチを吐ける場所に行ってみる。

「マスター、どうでもいいんですけど、この前食べた卵サンドの卵の量に納得いかないんですよ～」とか、そうやって卵サンドに八つ当たりしてみる。

「さぁ、肩の力を抜いて！」と力強く叫ぶメッセージはスルーして、なんとなくぼんやりと、「いやぁ、しんどいなー」から始めてみてほしいのです。

「ヘビーすぎるグチ」の対処法

僕はわりと「グチを吐く」という行為に対して肯定的な見方を持っていて、ガス抜きのためにも必要だと思っています。

適度なグチとか、適度な痛みを他人に対して公開することって、「なんかこの人、かわいいな」という評価につながることもあったりします。

でも、世の中には有害なグチも存在していて、すごく体感的なことなのですが、「救いのない、ただ聞いていると、自分の生気が吸い取られていくようなグチ」ってあります。

もちろん、僕自身もこういうグチを言っているときってあるんだろうなと思うし、

「そういうグチを吐く人はダメ」とは絶対に言いません。

でも、占いの個人鑑定で「ちょっとこの方は疲れてしまっているな」と思われる人って、話を聞いてくれそうな人の前で〝堰《せき》を切ったかのように〟「もうね、私ダメなの」と、そういう話を延々としてしまうことがあります。


生きていればある適度の傷や疲れは背負うじゃないですか。

そのたびに人は怒ったり、悲しんだり、またはその時期が過ぎると喜んだりと、さまざまな表情がある生活をしています。

だから、理不尽なことがあったら「ねぇ、ちょっと聞いて!」と怒った表情で他人にグチを吐ける人はけっこう健康的です。それを言ったあとに「あー、ごめんね。いろいろ話しちゃって。でもすっきりした。ごはん食べにいこ! お詫びにごちそうする」と言えたりするから。

でも、もっと疲れてしまっている人って、表情がなくなっていきます。

表情がないからこそ、話を聞く側も「なぐさめたらいいのか」「大丈夫と言ったらいいのか」「正論を言えばいいのか」「ただ聞けばいいのか」、その判別が全然つきません。

そして、グチを言う側は困惑する相手を尻目に「話の終わりが見えない」グチを吐き続けてしまう。

今回は「グチを受ける側」についてのアドバイスをさせてください。

ダメージを正面から食らわないために

無表情でくり出される、話の終わりが見えないグチ。しかも、どう考えても「今がんばれない状態」にいる人と向き合ったとき。

そういうときは、

「いろいろあったんだな。かわいそうに」

と思ってあげてください。

これはいわゆる心からの同情じゃなくて大丈夫です。「もうね！　あなたは立派にがんばったよ！　すごいよ！」と抱きしめるレベルの同情が「100」だとしたら「あー、いろいろあったんだね……。かわいそうに」という、50ぐらいの同情度で大丈夫です。

無表情になってグチを吐き続ける人は、僕の経験上なのですが、過去のどこかで時間が止まってしまっていることが多いです。

◎大好きだった彼氏にすごく尽くしたが、結果的にとても不誠実な人で、一方的にエネルギーを搾取された

◎割り切って行動していると思っていたけど、じつは細かい傷を受け続けて、自分がそんなに器用じゃないことに気づいているけど、自分の性格の修正の仕方がわからない

◎すごくがんばった仕事だけど、肝心なときに誰かからの横やりが入って、本来自分が受け取るべき（と想定していた）評価が誰か他の人のもとに行ってしまった

とか。そういう〝消化不良感〟って心の中に蓄積されていくと「燃え尽き」を起こします。

そうすると、その人は「また裏切られるんじゃないか」とか「またなにも返してもらえないんじゃないか」と、「今」に向き合うのが怖くなります。それで、自分で時間を止めだすようなことが起きたりします。

そういう人が目の前にいたら、彼や彼女の時間を無理に前に進めようとは思わないでください。

あなたがなんとかしなくていい

僕は思います。

できれば、人は人生で何事もなく、健康的でいつづけるほうがいい。

でも、なにかの拍子にどうしても希望が抱けなくなったり、病んでしまったりすることもあります。

そしたら、その「病み」ってある程度は尊重されてもいいんじゃないかって。

無理に相手を矯正《きょうせい》しようとお節介を焼いてあげるんじゃなくて、

「この人、私が知らない過去で、なにかいろいろあったのかな」

と思ってあげてほしいのです。

すると、「お茶漬けにほのかに入っているのりの佃煮《つくだ》とかわさび」みたいな感じで、なんとなくそのやさしさや思いやりが、ジワーッとその人に広がっていくことがあります。

◎その場でなんとかしようとしない

◎「あー、病んでるわ、この人」と、受け止めるのではなくて「いろいろあるよね。かわいそうに」で流してあげる

僕がこの文章で伝えたいことって、「病んでる」と相手を差別的に決めつけることではなくて、そういう状態に入ってしまうことって誰にでもあるということ。

じつは、相談を持ちかけられた側って、ちょっとパニックになってしまうことがあります。

そして、「私がなんとかしないと!」と思って、相手に「立て直しのアドバイス」

や正論を突きつけて「で、どうしたいの？」と、ちょっと説教ぎみに言ってしまうことがあるのです。

だからこそ、病んでしまっているときは**「正論を言われない権利」「ちょっとだけやさしくしてもらってもいい権利」ってあってもいいんじゃないか**と思います。

「今」をつねに見ていなければいけないのって、けっこうつらい場合もありますね。「なんとかしなきゃいけない」って無理にがんばろうとすると、逆に落とし穴にハマってしまうこともあります。

なにもしていなくても、誰かに「いや、もうたくさんがんばってきたんじゃない？私はあなたの病んでいるところもまぁまぁ好きだし」と言ってもらうだけで、むしろ「もうちょっとがんばってみよう」と思えることがあったりするから。

目の前にいる人にはそれぞれの過去があり、「この人、私が知らない過去でなにかいろいろあったのかな」って思ってあげたりすると、そこに少しだけ「救い」の空気が出てきたりするものです。

4

しいたけ．直伝！
ココロのお守り

自分をまあまあ好きになろう

世界から距離を取り「ひとりになってみた」

世界的なコロナ禍で「人に会えない」「移動ができない」「開拓ができない」「刺激がない」など、僕たちはとんでもない状態を長いあいだ過ごしてきたわけじゃないですか。

「これは修行の時間に似ている」と思いました。

僕は人生の中で何回か、山に入ったり、インドに行ったり、修行体験をしたことがあります。

もちろん「それぐらいで修行をしたと言うな」とそしりを受けるのは百も承知です。

たった数日間の修行なんて、本当の修行とは呼ばないと思います。

ただ、山に入ったときも、インドに行ったときも、福岡の篠栗《ささぐり》でファスティング（断

食）の合宿をしたときも、それぞれ修行の条件は似ているなと感じたのです。

修行って、世俗から離れて里の人と会わず、外部からの情報入力を遮断して、極端な低刺激状態に置かれるという、まさに、コロナ禍の状況と似通っています。

「インドに行って何を修行してきたのですか?」とよく聞かれるのですが、石の前にただ座って「石と会話していなさい」と言われました。それって極端に低刺激状態の、一見するとなんの意味のない時間です。

でも、占いであつかう「運の波」という立場から見たときに、**その人が次に大きく飛躍するとき、そして、本人が思ってもみなかった可能性の扉を開けていこうとするとき、禊《みそぎ》のような「修行の時間」が必ずやってきます。**

「ひとりでもやる」という強さ

飛躍をするときや「新しい扉」を開くときには、運からはひとつの条件を求められると僕は考えます。

それは、「一度、まわりから離れて、ひとりになること」なのです。つまり、新しい扉を開く前に、それまでの人生に整理をつけたり、生まれなおす形を取らないといけない。


身に覚えがある人もいると思うのですが、なにかに対して本気を出したときなどは、「ひとりでもやるモード」になるじゃないですか。

とくに賛同者がいなくてもやるしかないモード。そういうときの「ひとりになる」って、孤独としてのひとりではなくて、ものすごく強いですよね。

本当に夢に向かっている人って、あまり周囲に自分のことを話さない。「あなたは何をしようとしているの?」と聞かれても、「まぁ、ちょっとね」とはぐらかす。

多くの人が世界的な暗闇を体験し、修行みたいな時間を経験した。

もちろんいろいろ大変だけど、この「暗闇、隔絶、ひとり」の体験って、やっぱりめったなことではできないことです。その意味をもっと考えてみてもいいんじゃないでしょうか。

これから自分たちが選んでいくものは確実に変わっていくだろうし、「こんなことに時間をかけるのはもったいない」と感じているものに関しては距離を取ったり、「わざわざもう選ばない」という話になったりするはずだから。


長いコロナ禍において「こんな状況に巻き込まれた」というふうに考えるのではなく、あえて自主的に人から距離を取り、世界から距離を取り、「ひとりになってみた」と考えてみたとしたら。

そこから、意を決して暗闇から里へ帰っていくとするならば。やりたいことは多いはず。


これから何をしていきたいか。どこに行ってみたいのか。誰に会いたいのか。どのような体験を増やしていきたいのか。

僕は多くの人たちのあいだで行われるであろう再開や再会を、とても楽しみにしています。

やっぱり静けさだけの世の中は味気ないし、余計なことができない世界もおもしろくない。封印した心を徐々に、解きほぐしていけたらいいですね。

くだらない話も、バカみたいな話も、またお茶でも飲みながら話したいです。その中で「え、じゃあ、◯◯やってみようよ」という話もまたしてみたい。

もう十分傷ついた。もう世界を十分信じられなくなった。

だから、その裏にある気持ちや感情もまた、大切に出していけますよ。

「くやしい」は1日1個限定

ｎｏｔｅで書いている記事やお悩み相談などでも頻繁に「私は自己肯定感が低いです」というお便りが寄せられていて、すごく興味深いです。

というのは、自己肯定感という言葉じたいがかなり現代的な言葉ですし、この言葉ってひと昔前までは心理学などであつかう専門用語だったからです。

そして、僕がこの「自己肯定感の低さ」という言葉を聞いたときに、いちばん最初に思い浮かべるシチュエーションが「まわりの人が自分の思うとおりに、もしくは自分に対して温かく対応してくれない」という場面なのです。

ちょっとひどい言い方ですね。ひとりよがりみたいで。でも、もう少し話を聞いてみてください。僕自身の実例をもとにお話をしていきたいです。

自己肯定感の低さといえば、小学生・中学生のころを思い出すのですが、僕はすごく人見知りで、その当時親友と思っていた1人の友だちとずっと一緒にゲームをしたり、学校から一緒に帰ったりしていました。

その親友が「今日さ、○○も一緒に帰っていい？」とか、第三者を入れてくるパターンがあるじゃないですか（笑）。

そして、人見知りの人はわかってもらえると思うのですが、「う、うん。いいよ」とか答えるんだけど、その第三者が入ってくると、人見知りの僕はひと言もしゃべれなくなる。

この情景がなぜ「自己肯定感の低さ」と関係するかというと、**自己肯定感が低い人って、全部の場面で「自信がない」わけではない**気がするのです。

むしろ、「本当は得意な場面があるし、自分の能力なり、話術なりがどこかで〝ハネる〟こともある。でも、なぜかそういう躍動感が自分にやってこなくて、目立たない自分でいることがくやしい」って感じなのです。

だからですね、ご自身で「自己肯定感が低い」と申告する人って、じつはいろいろ準備はしてきたと思うのです。でも、その準備をどこの人間関係で、どの環境の中で活かしていけばいいのかわからない。それこそ、

「本当はいろいろしゃべれるはずなのに、自分にとってよくわからない〝親友の友だち〟がその場に加わったことでまったくしゃべれなくなってしまうくやしさ」と「自己肯定感の低さ」ってちょっと似ている感じがするのです。

向上心がもたらす副作用

僕なりの考えを言うと、自己肯定感が低い人の特徴って「深い達成感」を潜在的に求めている人だと思うのです。

◎誰かとの会話の中でも「もうちょっといろいろ突っ込めたな」とあとで消化不良を覚える

◎LINEやメールでも、会話が終わった後に「あれ、なんか私、変なこと言っちゃっ

たかな」と後ろを振り返ってしまう

◎頼まれた仕事に対して、どこまでの完成度を求められているかわからないから、倒れるまでやりきりたい

◎誰かと会って話して、「あー、そうですね。ふふふ」とか愛想笑いをされると、なんだか負けた気持ちになる

◎自分より注目を集める話題を提供した人に対して、「あー、くやしい」と思う

こういう人です。

これって全部に共通するのが、ちゃんと「くやしい」という気持ちがあって、70点じゃ満足できない、物事をつねに100点まで持っていきたい人の特徴なのです。だから、人として素晴らしいのです。

だって、向上心がちゃんとあるからでしょう。**向上心って「くやしい」っていう気持ちがないと起きない**ものです。

自己肯定感が低い人にやってもらいたいこと

自己肯定感の低い人たちが請け負う苦しさって、**「全部に対して完璧でなければいけない」という潜在的な気負い**なのです。

友だちと軽快なトークをして、職場では注目されて、ちょっと気になる人とのLINEでは「○○さんと話すといつも救われる。今度ぜひお礼させて」と言われて、満面の笑みで電話のスイッチを切りたい。

そう、それは「あこがれの私」に対する「現状の私のいたらなさ」からくるくやしさなのです。

ですから、自己肯定感が低い人に、ぜひやってもらいたいのが、

「くやしがる対象を、1個に限定する」

です。毎日の生活の中で3個も4個もくやしさを抱えてしまうと、やっぱりそれって自分がつぶれていってしまう。「私はなにをやっても中途半端だ」なんていうセリ

フが出ちゃうようになります。

だから、くやしさの対象は1日1個にして、「友だちとの会話でなにか1回、みんなを笑わせる」ってやるとかね。

「友だちを笑わせる重点キャンペーン」を組めばいいのです。そうしたら、すごく成長できる。

「友だちを笑わせる重点キャンペーン」中は、仕事に関してはそこまで100点を取れなくてもいいとしましょう。

もちろん、急な仕事を任されることもあるから、そのときにはキャンペーンをその日に切り替えて、「仕事で100点取るキャンペーン」に集中する。

くやしがる対象が1個だと、がんばれるのです。そして、知恵も浮かんできます。

でも、自己肯定感が低い人の特徴って、誠実に悩むのです。そして、誠実に5個も6個もくやしがってしまう。

僕自身を振り返ると、原稿で集中的に100点を取らなきゃいけないときは、ある程度の私生活の部屋の清潔さとか、「ツイッターでなんかつぶやかなきゃ」を捨てます。

そのあたりは生ぬるい60点でいい。

それって、英語の習い事をしながらお料理教室にも通って、筋トレもするみたいな——まぁ、もちろん少数の人はそれをこなしちゃうけど——いっぺんに全部を極めようとしても無理でしょう。

だから、くやしがる対象は1日1個に限定してください。

毎日「どこを重点的に取り組むかキャンペーン」は変えていいですから。

「自分を褒める」練習

最近、ツイッターを見ていたら、すごく腑に落ちるツイートを漫画家の海野《うみの》つなみ先生がリツイートしていました。そこには、

「自分と気が合わない人、腹が立つ人のツイッターを見に行って、そこで『あー、やっぱりこの人は相変わらず最低なことを言っているわー』と確認したいのは、自分の行動に対して〝予測どおりの報酬が得られる〟という、報酬にもとづく行動だからクセになりやすい」

というようなことが書いてあったのです。これにはひざをピシャリと打ちました。

恥を忍んで言いましょう。僕自身も疲れてくると、気が合わない人のツイッターや

ＳＮＳを見にいくことがありました。それらを見ると安心できるのです。

「あ、やっぱり腹が立つし、この人とは気が合わないかもな」って。

でも、その行動は「予測どおり」という思いをしたい、報酬を求める行動だったんだってすごく合点《がてん》がいったのです。

それであらためて、人っておもしろいなぁと思ったのです。

人は、疲れてくると報酬を求めます。

「よくがんばっているよね」

「こんなことあなたじゃなければできなかった」

「すごいと思う。ふつうの人だったらここまでしかできないけど、あなたはそれ以上のことをしたから素晴らしい」

とか。

でも、その「褒められる」とか「特別にあつかわれる」という報酬が今すぐに求められない場合もありますね。「最近は寝っ転がってお菓子しか食べていないから、とくに褒められる行動はしていないしな」なんてこともあるでしょう。

そういうときに、**自分が腹立つ相手、ムカつく相手、気が合わない相手の情報を集めて「あの人は変わらないなぁ」と上から目線に立つことが、自分にとって安心感を与えてくれたり、報酬になってくれたりする、**というメカニズムがあると気づきました。

褒められるって、じつは難しい

ちょっと話が大きくなってしまうのですが、最近これまた感動した話があったのです。

あるテレビ番組で「女性がイタリアに行ってイタリア人にずっと褒められたらきれいになるのか」という実験をしていました。

そしたら、本当に被験者の女性の顔つきが変わっていった。

それを見てすごくうらやましくなりました。

「あなたはきれいだ」

とか、

「あなたのその指先は美しい」

って、日本だと思いっきり不快感に結びつくかもしれないし、セクハラになってしまうこともある。でも、イタリアだとそうはならない。

もちろん、イタリアと日本の違いをここで言っても仕方がないからこれ以上は踏み込みませんが、日本って独特の「褒めにくさ」ってあると思うのです。

褒めることに目的があると思われやすい。

「今日の君の仕事はすごくよかったね」

と褒められたら、過半数の人が「げ、まだこの人、なにか頼みごとしてくるのか?」と警戒するでしょう。話をまとめると、

「誰かに褒められることがすごく難しいまま、自分でがんばりすぎて〝誰にも会いたくなくなる〟とか、勝手に沈んでいってしまう環境がつねに身近にある」

ということ。そういうときにどうしたらいいのでしょうか。

これは僕のやり方なのですが、「ネットで気に入らない人の情報を知ろう」としたときは、素直にそれは**「褒められたいときなんだな」**と受け取ります。

それで、ちょっと手を休めて、

「いや、ここまでできるのはあなたしかいないはずだよ」

と自分に言ってあげる。それを、ちょっと自分が照れちゃうぐらいまでやってあげる。ぶつぶつ言いながらやると周囲の人を怖がらせるので、周囲に人がいるときは心の中でやってください。

脳内で「褒めてくれる人」はバリエーション豊かに用意しておくのがいいですね。

お寺の住職とか、近所のおっちゃんとか、酔っぱらいの面倒を見てきた歴戦のスナックのママとか、幼なじみのご近所さん（じつはちょっと好きだった）とか、久しぶりに会った小学校の先生とか。そうやって、豊かに用意したぶんだけ、自分の今やっていることが「当たり前ではない」という価値に気づいていけます。

お寺の住職と、スナックのママでは褒めてくれるところが違う。

そういうことをやっていくと、「あれ、けっこう大変だけど、私だからできるんだよな」という自信が生まれてくる。

がんばるって当たり前じゃないです。

ましてや、誰かのためにがんばるっていうのも全然当たり前じゃない。

他人に絶望を抱く前に、少しだけ自分を褒めてあげる練習をしてほしいのです。

あなたは絶対に今がんばっているのだから、それをこれからも応援させてください。

ときどき一緒に「ただダラダラしてお菓子を食べちゃってつぶした1日」をなぐさめ合いましょう。

大丈夫。僕も昨日ダラダラして1日を完全につぶしました。

他人の勝ちをアシストする

僕は「運」の世界について知るために、いろいろなギャンブラーの本を読んだり、会って話をしてみたことがあるんですよ。

その中でもとくに、麻雀のプロのお話がとてもおもしろかったのです。

僕は麻雀ができないのですが、麻雀はけっこう露骨に「運の流れ」を感じるのだとか。「どうやってもいい流れが回ってこない」ときもあるそうで、そんなときは何をしたらいいのか。僕が話を聞いた麻雀のプロのやり方は、

「ひたすら他人の勝ちをアシストする」

なんだそうです。いっさいの運の流れが来なくなり、欲しい牌《パイ》も来なくて、もがいているときにするること。

「他人の勝ちをアシストする側に回る」

「すごいな」って思いませんか。だって、ギャンブルをする人間にとって、自分以外の他人はみんながライバルです。でも、「こいつに勝たせてやろう」と考えて、アシストを続けると、そのあと自分の運がやってきやすいそうなのです。

もちろんその「アシスト」は打算的なところがあるかもしれません。

「今、自分に勝ちがめぐってこなくて、イライラしてもしょうがない。だったらいいことをして、気持ちを上げよう」ということですね。だけど、それでもライバルをアシストするというのは、なかなかできることじゃない。

でも、この「アシスト理論」に関しては、なんとなく僕も占いで「運」をあつかっているとわかるのです。

◎自分にいい波がめぐってこない

◎ここぞという場面で、あとひと押しの風が吹いてくれない

◎チャンスがめぐってきたと思ったら、強烈なライバルが現れちゃった

書いていて悲しくなってきますが、もう僕なんかもそんなことばかりでした。

誰かに認めてもらうこと、誰かに愛してもらうこと、そして、必要とされること。

そういうことを「勝つ」という言葉であえて表現したいのですが、その「勝ち」がなかなかめぐってこず、耐えていなければいけないときはすごく不安だし、イライラする。

くり返すのですが、僕は若いころはそういう経験ばかりで、そんなときに「誰かの勝ちをアシストする」なんて理論は衝撃的でした。

ただ、占い師としての実体験からも、**まったくなにもないところからチャンスを生んでしまう人は、やはり「アシストする力」がすごく強い**のです。

では、日常を生きている僕たちは、何をアシストすればいいのでしょうか。

◎お花屋さんの花に、心の中で「うわー、きれいだなぁ」と声をかけてあげる

◎冷凍食品をレンチンして食べるときに「おっ、すごくおいしい」と言ってあげる

◎（ちょっと上級者編）外食したとき、お店の人に「おいしかったです」とひと声かける

こういう「運の風を吹かせる方法」は、できれば最初は**「自分と利害関係のないところ」**から攻めていってください。これがいきなり「仲よくなりたい相手」に実践するとか、「自分の打算」が入っている相手から始めるとどうしてもいやらしい匂いが出てしまいます。

みんなの人気を集める人、そして、勝ち運に恵まれる人というのは、**「なにかしていて、勝手に幸せに感じている人」**だったりもします。だから、ひとりでいるときでも、忙しい中ランチを食べているときでも「おいしかったよ」と食べ終えたお皿に対して心の中で声をかけてあげること。

それだけでけっこう運の風は吹いてきてくれるから。

「理解はできないが、共感はできる」

いきなりワタクシ事になってしまって大変恐縮なのですが、僕は今、事務所を借りて仕事をしています。そして、僕には「コタツに入ってミカンを食べながら打ち合わせをしたり、原稿を書いたりしたい」という夢があるのです。

しかし問題は、この「コタツ案件」をマネージャーに反対されていること。「コタツはかなりパーソナルなものだし、家族でもない人のコタツの中に入ることは、みんな心理的、かつ衛生上の抵抗感がある。あなたしかそのコタツの中に入らないだろうし、第一、事務所にコタツを買ったら仕事しないだろ、あんた」

もちろん、現実的に事務所にコタツを置くことは不可能であることはわかっているんです。でもあるとき、この「一生かなわないであろう、コタツへの夢」を師匠であ

る名越康文先生に話したら、

「あー、コタツねぇ。確かになぁ。理解はできないけど、共感はちょっとできる。欲しくなっちゃうときあるよね」

と言われました。なんかですね、これだけでもう救われた気持ちがしたのです。
これで、「いや、コタツなんて難しいだろ」と言われたら、きっと僕の中でかなり強く「意固地な自分」が出てきてしまうでしょう。
「あなたは私の気持ちを理解してくれないんですね」「どれだけ私の中でコタツが大事かわかっているんですか」とか、ムキになる気持ちが出てくる。

でも、

「コタツを置くのは難しいかもしれないけど、あなたがそれで安らぎを覚える感覚は少しわかる。あこがれだよね」

こう同意してもらったり、「誰かにわかってもらおうとした」という感覚を受け取ることができてはじめて、「うん、ありがとう。そう言ってもらってうれしい。そうだよね、コタツは現実的に難しいよね」と引き下がることができるのです。

これってすごく大事なことだと思いました。

僕も含めすべての人間が、どんなに身近にいる人でも、他人のすべてを理解しようとするなんて不可能です。だって、ご飯にマヨネーズをかけて食べるのがごちそうな人もいるし、それを嫌だと感じる人もいる。お風呂の適温が43℃の人もいるし、38℃の人もいる。

そういう価値観を「理解し合おう」とすることは疲れてしまうし、みんなそれぞれの正義がある。

でも、これは僕の私見なのですが、今の世の中はちょっとだけ「否定すること」が当たり前になりすぎてしまっているところがあると思うのです。

否定が当たり前になってしまうと、自分の言いたいことは陰口ですませるか、それとも、委縮《いしゅく》して自分の嗜好や思考が言えなくなってしまう。あるいは、口がうまい人が議論に勝つというルールが幅を利かせたりとかね。

だから、たとえばパートナーが「新しい車欲しいなぁ」と言ったら、たとえ「このバカが」と思っても「どこにそんなお金あるの！」とすぐに否定はしないで、「いつか買えたらいいね。そのためにますますがんばってもらわないと！」と、夢を一瞬共有するだけでいい。

言ってる本人が「バカげた夢想」だって知っている。だけど、口にして、そのバカげた夢想に共感してもらえると、自分の欲望を「この人と一緒にがんばっていきたいな」に変換していくこともできる。

「味方をしてもらえた」「共感をしてもらえた」って、それだけ強い愛の力があるのです。

もちろん、毎回バカげた夢想につき合わなければいけない人は大変です。「現実面」をちゃんと見ている人たちがこの世にたくさんいてくれるおかげで「夢想組」が好き勝手言えるところがあると思うのです（うちのマネージャーにも「コタツ夢想」を、あとで謝っておかねば）。

共感は、理解ができなくてもできます。

「あー、悪いことかもしれないけど、彼（彼女）の立場であああいうことをしちゃうのはしょうがないのかもね」

と言えることが、共感なのです。

否定ではなくて、「そういう気持ちが出てくることはわかる」と言えたら。そうしたら、世の中のギスギスは少し減らせていけるんじゃないかって、僕はそう思うのです。

最低、ふた呼吸置いてから話を聞く

僕が占いという仕事をしている理由はいくつかあるのですが、その中でも大きな理由のひとつに、

「社会の中に、話を聞く場所をつくりたかった」

というものがありました。

学生時代から思っていたことなのですが、「誰かに自分のことを相談する」って、じつはけっこう難しいことだったりします。

下手をすれば相談した「相手の話を聞かされる」はめになったり、もしかすると「説教をされる」危険性もあるからです。

まぁ、だから、飲み屋さんとか夜のラーメン屋さんなんかでは、「まぁなー、俺が若いころはさー、こんなもんじゃなかったよね」とか、そういう「先輩などが話したい話をセットにした話し合い」が行われていたりします。

でも、僕はこれからの時代において**「相手の話を聞ける力」はこれまで以上に大切なものになるんじゃないか**と考えています。

「声の大きい主張」はもう通用しない

今、どこの世界でも「声高に答えを主張する人」や、「議論に持ち込んで論破する人」はたくさんいます。別にそれらの人々のやり方をけなしたいわけでも、否定したいわけでもありません。

ただ、少し前までのように、討論がひとつの文化やビジネスとして盛り上がった時代と比べて、今の時代はいくぶんか「オタク化」しているというか、つまり、

「自分で思いついたことは、他人に変に相談して反対されたり、論争のおかずにされ

るよりも、自分ひとりでコツコツと進めていってしまう」という形が強くなってきているような気がするのです。

その上で、「自分なりにコツコツと研究したり、発展を目指す人」が、同じぐらいのオタク度を持っている人とボソボソと対話することを大切にしている。

討論や自己主張や「私は答えを知っている」という文化が死んでしまったわけではないけれど、**話し合いにおいて「勝ち」や「優劣」を求める人よりも、「あー、そういう考え方があるわけね。ありがとう。参考になりました」と言い合える対話のほうに、多くの需要が集まってきている**と考えます。

もちろん、討論や説得の技術は、ビジネスや政治、選挙活動や集客の分野などではまだまだ隆盛を保つでしょうが、潜在的に多くの人の中で「ヒートアップしないで、静かに話をしたい」という気持ちが強まっているんじゃないか。

怒りや激しさに火をともして、強引に自分の道を突き進んでいくよりは、内情はともかくとして、**もう少し静かで、冷静に合意をつくっていくリーダーのほうが求められている**んじゃないか。

「心から話を聞く」とは、どういうことか

ちょっと話が大げさになってしまったのですが、今必要とされている「話を聞く力」とは具体的にどういうものなのでしょうか。それは、

「あー、そうだったんだ（うなずく）」

だけです。以上。ここで行われていることは「受け答えのセリフの豪華さ」ではないです。

相手の話をまず否定しないで、自分が考えていることや「こう思った」ということを即答せずに、まず受け止めるという姿勢です。たとえばふだん、

「あー、そうだったんだね。でもさ、こういう考え方もあるじゃない？」

と答えるとき。「でも」をその返答のひと呼吸で行うと、相手は否定されたように感じる。では、どうするのが「話を聞く姿勢」になるのか。

「あーそうだったんだね。……それで？　その後はどう思ったの？　↓（特にない）

↓そしたらさ、私としてはこう考えたんだよね」

と、**相手との対話の中で「ひと呼吸で返答するのではなくて、ふた呼吸ぐらい置いてみる」のが大事**になります。

相手からしてみたら、ひと呼吸で自己主張を返されるよりも、2つぐらい呼吸を入れて、それから「私はこう思うよ」と言われたほうが、「話が受け止められた」と感じられる。

もちろん、「会話にふた呼吸を」なんて、いつもやんなくていいです。

少し話は逸れますが、カウンセリングの技術を学び始めた人などは「あー、そうだったんですね。それはつらかったですね～。うんうん～～」と、すぐにカウンセリングの「傾聴モード」に入ってしまうのです。

それを頻繁にやってしまうと「カウンセラーとして、業務的に話を聞いている」という雰囲気が相手に伝わってしまうので要注意ですよ。

技術的なことよりも大事なのが、相手の話に自分の意見をかぶせないで「なるほど。そう思ったんだ」と、セリフではなくて、心からそう思えるか。

話し合いのたびにいつもどちらかが正しくて、どちらかが間違っているという決着のつけ方をしてしまう。それが建設的といえるのか。

どんなに優秀な人でも、相手の話を受け止めないで自説を主張することにこだわってしまうと、昔の時代はそれでカリスマ性を発揮できたかもしれないけど、今はしっくりこないでしょう。

これから先は「受け止める」「聞く」という力のほうが大切になっていくような気がしてなりません。

だってもう「この時代をどう生きればいいか」について、完全な答えを知っている人はいないって、とっくにバレているのだから。

自分だけの「宝物」をつくる

僕が占いで見てきた人の中に、いわゆる「運・不運にそこまで左右されない人」がいました。

彼ら・彼女らは別に「鈍感」なわけじゃないのです。むしろ人一倍、敏感な部分を持つ人も多いのです。

「あ、なんかこの波はおもしろそうだぞ」と幸運の波に乗り、逆に、「ここはちょっと控えたほうがいいかも」と思うところでブレーキをかけられる。

過敏なところはあるけど、1歩引くこともできる。まわりの波にそこまで左右されずに、自分のブレない方針を持つことができる。

そういう芸当ができるのは、その人が**「自分の世界」を持っていたから**だと思います。

では、自分の世界を持つためにできることは、いったい何でしょう。

持ち物をメンテナンスする

結論から言うと、自分の世界を持っている人には、愛着を持って手入れをする道具があることが多いです。

あるメディアにも書いたことがあるのですが、個人鑑定をやっていたときに、お客さまが事務所にいらして、「その人が玄関でどう振る舞うか」はかなり重要な情報でした。

「けっこう運がいい人」や「悪いことが起きてもあるきっかけで立ち直ってしまう人」というのは、玄関で靴を脱ぐときやバッグの置き方がかなり丁寧でした。

まるで生き物をあつかうかのように、愛情を込めてバッグを置く。

逆に、「ドーン！」という音を出してバッグを置く人は、やっぱり何回か同じ問題やトラブルを抱えて相談にいらっしゃることが多かったです。

メガネやペン、お財布や小物入れなど、その人なりに大切にあつかっている「道具」がある人は、自分の世界をかなり強く持っている人です。

道具を買っておしまいじゃなくて、その道具を磨いたり、メンテナンスをして大事に使い続けると、その人とその道具のあいだにしかないような「風情」というか「雰囲気」が宿ってくる。

その不思議な感覚が、オーラとしてにじみ出ることがあると思います。

「なぜ大事にあつかっている道具がある人には、自分の世界ができるのか」

この話をもうちょっとさせてください。

自分の道具に染み込んだ匂い

自分の話になってしまうのですが、僕は昔からのクセで「自分がふだん愛用しているボールペン以外のペンを持つと異様に緊張する」のです。

ホテルに宿泊するとき、契約書にサインするとき、その相手や会社が用意したペンを渡されると「うっ」となる。

なぜかというと、ふだんから使っている「手の感覚」以外に、自分のペンには「自分の匂い」が染みついている感じがするのです。

元大リーガーのイチロー選手は、自分が使っているバットやグローブなどの道具を、他人に絶対に触らせなかったという逸話があるのだとか。

自分が大事に手入れしている道具には、自分の匂いが染み込んでいる。

その匂いの世界に帰ってくると、自分が落ち着くことができる。

それって、動物的な感覚としてあるような気がするのです。

自分の家って、自分の匂いが染み込んでいるでしょう。

でも、運の世界からいうと、自分の家には適度に他人に来てもらったほうがいいです。ちょっとだけ他人の匂いとの交流があったほうがいいのです。

自分の匂いって閉鎖的になりすぎて濃すぎてもダメだし、薄すぎてもあんまりよくない。

一方で、**外の世界で戦うときは、「自分の匂いがする道具」を持つのは大事**です。

最強の武器になってくれたり、戦友になってくれるから。

「自分はひとりじゃない。苦楽をともにしてきたこのペンがある」というのは、想像以上に自分の力になってくれます。


今の僕の相棒はあるメーカーの４色ボールペンです。いつもふいて大事に使っています。

「このペンを使うとアイデアが出る」と信じて大事に使い続けると、不思議といい波に乗れる気がするのです。

もしよければ、みなさんも「相棒になる道具」を物色しにいってみてはいかがでしょうか。

5

しいたけ、直伝！
ココロのお守り

しなやかに、強くなる

「努力型の人」が苦手なこと

ご質問をいただく際に「(他のことはさておき) 恋愛が苦手なんですが……」という方がよくおられます。

恋愛について書くにあたっての前置きなのですが、僕は恋愛至上主義者ではありません。恋愛が得意な人が特別に素晴らしいとも思わないし(もっと目立たないところですごいことをやっている人や、他人に対してやさしさを与える人もたくさんいる)、恋愛は「運やタイミング」なんかも多分に影響してきます。

でも、同時に「恋愛だけがすごく苦手」と思う人も数多くいて、苦手な理由も人それぞれにあります。前につき合っていた人とかなりひどい別れ方をしたとか、好きな人へのアプローチの仕方がわからなくて失敗したとか。

もっと言うと、「人を好きになることがよくわからない」という人もかなり多くいると思うのです。

じつは僕が今まで占いで見てきて、**「恋愛が苦手な人＝自分の弱点を努力によって克服してきた人」**というパターンがけっこうあるので、それについて書いていきます。

せっかく弱点を克服してきたのに

「自分の弱点を、努力によって克服してきた人」とは、「自己克己力《じここっきりょく》の高さ」と表現できます。

こういうみなさんは「自分の弱点をちゃんと知っている」ので、自分を客観視することもできれば、ふだんの人間関係でも、他人のことを見抜く観察力もあったりします。

人からアドバイスを求められることが多いし、自分に任された仕事にも真摯《しんし》に取り組む人たちです。

かたや恋愛のネタが尽きない人って、けっこう自分のことを棚に上げたような勝手なルールで生きているし、友だちづき合いにおいても、「この人いいかげんだなぁ」「この人、自分に都合がいいことばっかり言ってるなぁ」と思ってしまいませんか?

なぜそういう人に「恋愛ネタ」が途絶えなくて、世の中で「がんばり屋さん」と思われている人は恋愛が苦手になってしまうのか。

じつは、恋愛がスタートし、つき合いが持続し、お互いが特別な関係になるという過程で、その関係の〝真ん中〟にあるのが、お互いが持っている「弱点」なのです。

シンプルに言うと、恋愛関係で「あの2人は仲がいいな」とまわりから思われているカップルは、「相手のどうしようもない弱点を知っているのは私(僕)だけだろうな」という自負心がお互いの気持ちの中心にあったりする。

もちろんそれだけじゃないけど、この「自負心」が2人の関係をかなり強固に支えています。

「自分の弱点を人前でさらす」

これはかなり勇気がいること。それが平気でできる人と、「そんなこと、想像するだけで恥ずかしい」と思う人、「出したいけど、ただ人に引かれておしまいだと思います」と、自信が持てない人もいらっしゃると思うのです。

そして、克己心が強い人、つまり、**置かれた環境の中で「生き残っていくために、すべてを自分でなんとかしてこなければならなかった人」ほど、弱点を克服し続けてきた過去がある**のです。

しかし、「自分の弱点を克服して生きてきた人」というのは、弱い自分を乗り越える際、かなり強い「自己否定」をしている事実があります。

「こんなところで弱音を吐いていられない。私は変わらなきゃ！」と言って、壁を乗り越えてきた。

弱音を吐いた自分を認めてくれるほど、まわりは穏やかであったり、平和であったりしたわけじゃない。実力を伸ばしていかねば、自分の居場所なんてとうにない――それぐらいの修羅場を生きてきた人も、世の中には多くいらっしゃいます。

自分の成長とは、弱い自分を克服し、打ち消して、新しい自分になっていくこと。

じつは、その「打ち消し型の変化のやり方」に限界があるのかもしれません。

「努力でなんとかする」がうまくいかないとき

「ひとりで全部を克服するのももちろん素敵だけど、本当はもうちょっと違ったやり方があるのかもしれない……」

そういうふうに思った人は、ちょっと今からこう考えてみてほしいのです。

「少し恥ずかしいけど、誰かとともに発見していく新しい自分も大切にしていく」

と。ロマンチックすぎるセリフかもしれませんが、「自分の弱点」を打ち消さず、「人前で出てしまった自分の弱点を、受け入れていく」ことも大切にしましょう。

たとえば、急いで家を出てしまって、そそっかしさから、コンビニのレジでお金が足りないことに気づいたとする。いい大人が、すごく恥ずかしい。

でも、そんな体験をしてしまったときに**「あらあら、また、私の弱点がひとつ、世の光の下に出てしまいましたね」**と、つぶやいてみてください。

そういう中2病的なことをちゃんとつぶやくのがコツ。

「ふっふっふっ……。私の意地悪さが、地上の光の下に出てしまいましたね」とか。


弱点を地下に埋めたり、人前に触れる前に自分で粉砕したり、なかったことにして消滅させない。それよりも、出てきてしまう弱点は陽の光の下に出してあげる。

それはすごく恥ずかしいけど、「出せたこと」を祝ってあげてください。

弱点も含めて共有できたんですから。


もちろん、はじめから完璧にそんなことができる人なんていないし、弱点をまったく恥ずかしがらないのも、「恥じらいをなくす」というズレた方向になってしまう。

でも、**「あー、弱点出ちゃった。しょうがない。こうなる運命だったんだ」とか、〝出てしまったこと〟を、数%くらいは祝うコメントを出してみてほしい**のです。

じつは弱点って、他人から見たら魅力に映る、宝石であることもすごく多いのです。

悩みを先に進ませない

占い師としての僕が思うに、人間はおそらく「悩み」を友だちとしてずっと生きているると思うのです。

「悩み」というのは「今後の人生どうしよう」「今、つき合っている人でいいのか」といったことから、「今日の夕ごはん何食べよう」といったことまで、大小あれど、人のそばにずっとある。

これはあくまで僕の感覚なのですが、**「悩みがない人はいないけど、悩みとの距離感がうまい人はいる」**とは思うのです。

自分のまわりを見渡してみても、「なんとなく悩みが少なそうで、楽しそうに生きている人」というのは、おそらく悩みがない人ではないと思うのです。

一時的にはすごく怒ったり、悲しんだりもしている。でも、そういう人たちは「今それを考えてもしょうがない」という訓練を自分なりに積んできた人だったりします。

なんでもすぐに解決しなくていい

近年、世界中の人々が自由に外に出歩けない状況では、僕も含めてこの本を読んでくださっている方々も、他の人にはわからないストレスを自力でなんとかしなくてはならなかったでしょう。

そこで僕なりのアドバイスをしたいのですが、こういうとき「悩みの先を急がないこと」が大事になります。

コロナ禍においての個人的な話をしますと、ある時期まではウイルスの感染のニュースなどが目に留まっていたのですが、すこしたつと「景気下降に関係するニュースの単語」が目に留まるようになりました。それで、ますます気が重くなる。

人の脳や頭は「解決のために思案をする働き」に特化しています。

「どうしなければいけないのか?」

という解決策を導き出さないと不快に感じる働きもあるのだと思います。

もし、これを読んでいるみなさんの中でも、

「あるニュースを聞いたときに、すごく気が重くなってしまった」

と思ったら、悩みの段階を「もう一段階、前の状態に戻す」と意識してみてほしいのです。

景気の問題で悩む前というのは、きちんとごはんを食べて、消毒をしたり、衛生面に気をつけたりする段階です。

生ぬるいことを言っていることはわかっています。でも、景気のことを心配する前に、まず緊急時の特殊な状況に慣れる。

そこから新たに体を動かしていく、頭を働かせていく、知恵を働かせていく。

ベスト・タイミングを待つために

ある悩みが解決されるためには、その悩みに合わせた「今の自分の体力」と、「その悩みが解決されていくタイミング」が必要になります。

悩みを抱えている人って、「今の自分の、その次の段階」をすごく気にして、それで解決の足場が定まらなくなることがよくあります。

不快なもの、気持ち悪いもの、怖いものとはさっさとおさらばしたい。一刻も早くいつもどおりの生活に戻りたい。

だからこそ、不安なときは「次、どうしなければいけないのか?」と先へ先へと急ぐ気持ちがめちゃくちゃに出てくると思うのです。

これを書いている僕も、「急がないで、冷静に行動を」とか、何万回も使い古されている言葉を聞くと「あーあ」と思います。

ただ、焦る気持ちや頭が重くなるような悩みが出てきたら「今はまだそれを考えてもしょうがない」と自分を励ましてあげてください。

全部順番です。怒号を上げるときも必要だし、怒りをあらわにすることも必要だと思います。

でも、同時に「自分は次に何ができるか」を見定めていく視点も大事になります。

それは、「怒っているときの自分」と「パニックになっているときの自分」と切り離さないといい案は出てこない。


ひとつひとつの悩みは、必ず「自分なりにケリをつける」というタイミングがやってきます。

その前までは、今日できることをやる。

そして、日々目まぐるしく変わる情報の摂取も、あまりにも過剰にならないように気をつける。


みんなの気が立っているとき。罵声《ばせい》や怒号が飛んでいるとき。

そういう「言葉の棘《とげ》」や攻撃性やパニックを感じてしまったら、最終手段として「おめでとうございます」と心の中で声をかけてあげてください。

めちゃくちゃしんどい解決策で申し訳ないのですが、「今、あなたはそういう状態なのですね。おめでとうございます」と心の中で言ってあげる。

とりあえず、**どのような状態でも相手を祝福してあげるって、最強の自分の心の収め方**なのです。

それぞれが、それぞれのできることを。

じつは、無意味だとか、退屈だとか、地味と感じていることが、今いちばん負担がかかっている人たちの役に立っていることもあるものです。

「ひとりドキュメンタリー番組」のススメ

元気がないときによくアメリカのアクション映画を観ます。

どう見ても悪そうな人が敵で、どう見ても善良そうで筋肉がすごくて、元ＣＩＡの特殊工作員だけど、今はホームセンターで平和に働いている主人公が出てくるような映画が好きです。

アメリカのアクション映画を観ていていつも感心するのが、ピンチの場面でやたら軽口が多いのです。

敵に囲まれて最悪の状態のときにも「今日は最高のクリスマスになったな」とか「帰ったらチーズバーガーおごれよ」とか、そういうことを言って敵陣に突入する。「最悪な状況のときに発する軽口」って、人類がさまざまな困難や危機を乗り越えて今日まで生き延びてきたからこそ、必要な知恵が含まれているような気がするのです。

前置きはここまでにして、本題に入ります。

どの人もそうだと思うのですが、困難に出会ったときとか、どうしてもやりたくないとか、苦手とか、緊張しきっちゃう本番とか、いわゆる、「逃げたい」と思っても逃げられないような場面ってあったりするじゃないですか。

次の日に大事な会社の会議があって、自分の考えを述べなきゃいけないけど、プロジェクトについてまったくなにも理解していない。

明日、面接があるけれど、志望動機はおろか、もはや自分が何者なのかもわからなくなった状態で臨まなければいけない。

その他には、今でさえいっぱいいっぱいでいろいろ抱えているのに、どうしても明日中に終わらせなければいけない締め切りがあるのを思い出してしまった。

「……マジかよ」と言って、そのまま固まっちゃうような状況に直面してしまったら……。

そういうときのおすすめは「そうだった。今は、自分のドキュメンタリー番組を撮っているんだった」と思ってほしいのです。

まあ、「そうは思えません」とは言わないで、そういう設定をしてみて。

カメラの前だから軽く言えることがある

具体的には自分のそばにカメラがいるような意識をしてみて、「明日ねー、発表なんですよー。でも正直、私は何もわかっていなくて」とか「明日面接なんです。うぅ。でも、私の強みって何ですかね。よくわからなくなっちゃって」とか、ドキュメンタリー番組のようにそこに本音をぶつけてみる。

人っておもしろいもので「カメラで撮られている」とか「撮れ高を必要とされている」と意識してしまうときに、「本音のサービストーク」を始められちゃうのです。

「まぁね、私は明日の発表の意味を理解していないけど、最悪、〇〇部長に泣きつけばなんとかなりそうです」とか「明日の面接は申し訳ないけど、自分探しのために行ってきます。ひとりで考えてもわからないですもんね」とか、「誰かがやらないと、気持ちよく明日を迎えられないですからね」とか、わけのわからない〝決めゼリフ〟を言ってしまってもかまいません。

カメラの前にいると思ってテキトーにしゃべること。重い事態を重力のある重い言葉で話すのではなく、ひとつの設定だと思って軽い言葉でしゃべってしまうこと。

そうすると、少し前向きな回答を残せるケースが多くなります。それが、今のピンチを乗り越えていく軽口です。

まったくやる気が出ないときとか、こんなことやっても自分にとって1ミリの得にもならないとか、「また貧乏くじ引いちゃったな」と思ってしまうときも、「ひとりドキュメンタリー作戦」は使えます。

ひとりドキュメンタリーに出演して、その場で思いつく軽口をあえて叩くこと。「神さま、見る目ないっすよねー。こんなに私、みんなのために縁の下の力持ちやってるのに」とか言ってみる。

なぜそんなことをするのか。それはただ、やる気を強制的に出すためでも、今の難局を乗り切るためだけでもありません。

自分をヒーローなり、ヒロインと自覚するためです。

ヒーローやヒロインって、単に「自分のやりたいことだけ」をやっている人たちではないです。人が見ていないところでもちゃんと自尊心を持って、人に聞こえないように悪口をブツブツ言いながら片づけていったりする。

じつは、**やりたいことをやり切ることよりも、「やりたくないことを知恵によって乗り切ったこと」、または「あの悲惨な状況でも負けなかったこと」のほうが、自分への自信は上がります。**

自分を本当のヒーローなり、ヒロインとして見ていくことができるのです。

他人の目ではなくて、まずは自分の目で自分をヒーローやヒロインとして見てあげる。そこからけっこう、その人にしかつくれない物語を撮っていけるから。

自分の中の「いい人」を供養する

「前向きに」という言葉があるじゃないですか。正直な話をすると、僕は少し苦手なのです。「前向きに考えよう」って。

少なくとも、自分に自信を失ってしまったときに「いつ前向きになるの？」と外から要求されるのは少し違う。

どうしても元気を出せないときってあるじゃないですか。

1ミリも口角を上げられないとき。

誰かが冗談を言ってきたのに、愛想笑いもできないとき。裏切られて、明日を見る気力も失ってしまったとき。そういうとき「前向きになる」以外で、どうやって乗り切っていったらいいのでしょうか。

占いをしていると「どうしてもがんばれない」という方とも多くお会いしてきました。「どうやったらがんばれるのでしょうかね」とおっしゃる方は、基本的に伏目がちで、話すときに少し上目づかいになることが多いです。

やってみるとわかるのですが、上目づかいって、目上の人や怖い人に確認を取るときにするジェスチャーです。「これで、よろしいのでしょうか」「これで怒られないでしょうか」というように。

もちろん、上目づかいをする気力もなくなるときもあります。下を向いて、言葉を発せられない。「でも、こうしてもいられない」という切迫感。

こういう状態って「なったことがない人」にはわからないと思います。

「元気出せよ」とか「大丈夫だよ」がまったく届かない状態になってしまった。もちろん、そんな状態に入りたくて入った人なんていない。中にはいるかもしれないけど、そういう人はよっぽどの変わり者ですね。でも、誰しもそうなっちゃうことはあると思うのです。

あれよあれよと不運が5個ぐらい連続して重なって、トドメを刺されて身動きが取れなくなってしまう。そういう人って、じつはけっこう多い。そんな状態になっても毎日がんばって、機械的に自分を動かしているような。

ここから少し大事な話をしたいのですが、**もしそういう状態におちいってしまったら、ちょっと「いい人」であることを封印してください。**

「いい人」というのは、自分がどんな状態になっても「誰かのため」に生きようとする人のことです。「ここであきらめたら親が悲しむだろうな」とか、「決意をみんなに伝えたばかりなのにな」とか。そんなことを思える人って、十分にいい人です。

「世間のモノサシ」を手放して

ちょっとここからは口調を崩してしゃべっていきますね。

「いい人」というのはですね、すごいんです、負担が。

「いい人」なんて、また元気があるときにやればいいんだから。

口角を1ミリ上げるのに四苦八苦しているときに「いい人」なんてやってたら、それだけで削られていってしまうから。

もちろんね、誰かにいい報告ができたら、そりゃうれしいですよ。まわりも喜んでくれる。「じつは、こういう形になりました」なんてうれしい報告をしたり、「私もやってみます」みたいな宣言をしたい。

でも、自分の心の床が抜けちゃって、浸水しているような状態で元気にならなくていいんです。

自分の底が抜けちゃったときにはどうするのがよいか。

いい人をいったん封印して、毎日「自分への供養」をしてあげてほしいのです。


「自分への供養」

というのは、どうやるのかというと、

◎毎日がんばってある場所へ通っていた自分の後ろ姿を思い浮かべて、「本当にご苦労さまでした」と祈ってあげる

◎人に喜んでもらおうと、一生懸命準備する日々を送ってきた、その当事者である自分を思い浮かべて祈ってあげる

◎ひどいことを言われ、落ち込んでいる自分を思い浮かべて、「あのときはキツかったね」と言って祈ってあげる

自分に対する祈り。自分に対する供養。

それがないと、もう今の時代では「はい、次」になっちゃうのです。

そんなね、人は努力とか結果の生産機械じゃないんだから、すぐにまた次の成果に向けてがんばらない日があってもいいいんじゃないか。

みんなにうらやましがられる成果だけじゃなくて、どの人も小さな成果を毎日残しています。冷蔵庫に残ったプリンを本当は全部食べちゃいたいけど、妹のために残しておいてやるとか、そういうのも立派なやさしさの成果なわけでしょう。

「報われる」って何か。それは、いい結果だけを祝ってもらえることだけじゃないのです。そうじゃなくて、**自分なりにやったことを、ちゃんと自分で見てあげること。**自分に対して、祈ってあげること。「報われる」が他人や出会いや幸運だけに偏ってしまうと、やはりどこかでがんばれなくなっちゃうから。

自己満足で「私って天才」とか「私はやっぱりすげ～」と言えることは、大事な「報われる」だから。どうかやり続けて。

今日も街のいたるところで「がんばらなきゃ」があふれていると思います。

でも、たまにはがんばらないでください。がんばっているふりをしてください。

「なんだ、これしかやっていないのか」と誰かに失望されてください。

私の素晴らしさがお前たちにわかってたまるか。

誰がなんと言おうと私は素晴らしい。

うまくいった日も、うまくいかなかった日も、自分に敬意を持って「今日も働いてくださり、ありがとうございました」と手を合わせてあげてください。

足を止めて季節を探して

もう何年も前になるのですが、仕事がとてもつらい時期がありました。

「つらい」ってすごくおもしろいもので、本人がその「つらさ」を体験しているときって、はた目から見たら「すごく今、がんばりどころ」で、楽しい周期に入っていることが多かったりもします。

僕の場合は占いの仕事を始めたばかりで、まだメディアで執筆などを始める前。個人鑑定を中心にやっていて、自分がさばききれないぐらいのお客さまの予約を受けていたころでした。

今でも思い出すのですが、その「つらい周期」を救ってくれた瞬間があったのです。

ある日、めずらしく早い時間帯からの仕事が入ったので、いつもよりも早く起きて家を出たときのことです。

季節はちょうど10月。抜けるような青空、吹きかける風も少しの冷たさが入ってきた時期でした。目の前から幼稚園児の集団が歩いてきて、引率の先生が子どもたちに「じゃあ、この景色の中から秋を探してみましょう」と言ったのです。

その瞬間、電流が走ったかのような衝撃を覚えました。

「秋を、探す?」

その瞬間、まわりを見渡したのです。木々の葉は少しずつ黄色味を帯びて、風も冷たい気配を含んできている。夏に感じていた「暑苦しさ」がいつのまにかなくなってきた。景色の中に秋を感じたときに、久しぶりに僕は「お腹がすいた」とつぶやいたのです。

必要とされることがうれしくて、自分のペースを超えて「楽しく」稼動してきたつもりだけど、いつのまにか「すべての季節」で感じていることが一緒になってしまったり、仕事以外のことに関してなにも感じたりしなくなっていた。

その後、前述のとおり縁あって、福岡県の篠栗で2泊3日のファスティング合宿に参加しました。やはりそこでも「森の中に入って秋を探そう」というようなことを言われてやりました。

ファスティングでは2泊3日のあいだ、固形物のごはんを抜くのですが、はじめてゆっくり感じられる五感の世界があったことを今でも覚えています。

ふだん僕たちは、目に見える世界を「単なる視覚情報」として処理しています。食べるごはんも「健康を維持するため」に胃袋の中に貯蔵するもの。音楽も、ゆっくり気持ちを落ち着かせて毎日聴くのは難しくなってしまったりします。

もちろん、それは悪いことではないのだけれど、今いる世界に生きていて、どうやって自分の安寧や安心感を取り戻すのか。それはけっこう多くの人が抱えている悩みなのかもしれません。

「当たり前」から離れてみる

あの幼稚園の先生の「秋を探してみましょう」という発言を聞いて以来、僕は仕事などで疲れてくると、街中で立ち止まって季節を探すゲームを勝手にやっています。今日は街ゆく人の中に、いつのまにかコートを着ている人が混じっていました。靴下なんかももしかしたら、もう夏用の「くるぶしまでしかない靴下」をはいている人は少なくなったかもしれません。

時間があるときはデパートなどに行って、洋服売り場や食品売り場ものぞいてみます。そういう場所は、季節をちゃんと演出していて、発見することが多いからです。

生きていく中で、日々の業務を達成していくことは大切です。明日からいきなり「すべての業務を放棄します」ってなかなか言えません。

業務は「やって当たり前」と言われているものだし、人よりも多くの業務や、質の高い業務をやったら「あなたはすごいね」と褒められます。業務をやり遂げて、けなされる人はなかなかいません。

でも、業務との距離は、いつも意識していないと飲み込まれてしまうことがあります。「やって当たり前」だからこそ、できない自分を恥じ、否定し、攻撃をしたくなることもあります。

最近、年齢的にいい大人になってきて、昔には気づけなかったことに気づくことも増えてきました。

そのうちのひとつに**「いろいろなことに、少し距離を取ることも悪いことではない」**と。

昔より忙しくなってきたからこんなことを思うのかもしれないのですが、**業務にも、忙しさにも、そして「褒められること」にもそうだし、「やって当たり前」ということにも、少し距離を取る。**

自分で食べたごはんのあと片づけをして、お皿を洗うのも「当たり前」なんだけど、その行為に対して「おいしかった。ありがとう」と言ってあげる。

近くにいすぎると、いろいろなことが「当たり前」になってしまう。

ふだん接している世界から、少し距離を取るために「立ち止まって季節を探してみる」。

昔の人が和歌を詠《うた》ったりしたのも（今でもそうなのだけど）、ゆっくり目を閉じて音楽を聴くという行為も、ふだん接している「当たり前」の世界から距離を取るという儀式なのではないかと思います。

秋の夜長、みなさんが自分の部屋でどういう音楽をかけているのか、いつか聞いてみたいですね。

おわりに

「いい出会い」にめぐり遭うために

最近、不思議と思い出すことがあります。もう数年前になるのですが「白装束で山に登って修行をする」という「山伏体験ツアー」に参加したことがありました。

そのとき、僕は占いの個人鑑定の仕事をかなりハードに抱えていて、じつはひとつの限界を感じていました。

そんな折、山道を10数時間歩き続けて、最後に山頂近くの崖から縄で吊るされるという、肉体的にはけっこうハードだけど「リボーン（生まれ変わり）」の体験ができるという山伏体験ツアーに誘われたのです。

「これだ！」と直感しました。僕は当時喫煙者だったのですが、その日にたばこをやめて、スポーツジムに通い、来たるべきツアーに備えました。

結論からいうと、すごく楽しかった。

都会の感覚とはまったく違った景色や時間がそこにはありました。

僕がふだん持っている都会の感覚というのは、山道を登る正しいフォームとか、目的地まであと何キロメートルあり、どのようなペース配分で登ればいいかとか、そういう目的達成型の思考だったのですけれど、その思考から距離を取ることができました。

山道ってアスファルトのように舗装されていないし、平面じゃないのでゴツゴツしている。

5メートル先に行くだけで疲れ果ててしまう場所もあるし、雨で濡れて滑りやすくなっている危険なゾーンや、つねにまわりの様子に気を配りながら登らなければいけないところもある。ただ、その感覚が、すごく気持ちよかったのです。

ふだんの都会の感覚で「あと何キロでゴール」などと計算をして山道を登るのではなく、**「山肌に、自分の意識や体をひたすらフィットさせる感覚」**を持ち続けなければいけません。

「よし、大変だけど、ここもちょっとがんばってみよう」と自分の体に声をかけ続け、「山肌とのフィットの度合い」を増やし続けた。

気づけばなんだか無心になって、目的地である山頂に着いていました。すごく大変だったけど、あのときの気持ちよさは格別でした。

修行体験をした日以来、つらいことがあったり、思うようにいかないことで壁にぶつかったりしたとき、「山肌に自分をフィットさせることに集中した体験」を思い出します。

個人的には、コロナ禍におちいった世界において、このときの体験にはすごく助けられました。

今、世界はようやく混乱の底にたどり着き、再生への道のりを歩み出そうとしています。そんな今だからこそ、**都会的な「予測と計測の感覚」ではなく、「山の感覚」**

のほうも大事になるんじゃないかと、僕は考えています。

当たり前のようだけど、僕たちが今住んでいる世界は、アスファルトによって舗装された道があり、目的地まで寸分たがわず測って教えてくれる計測器具があり、人と人とが会うために、瞬間的にネットを介して交信できてしまう。

メリットや便利さは本当にたくさんあるけど、「思うようにいかない」「計画どおりにいかない」ことがあると、もしかしたら僕も含めて現代人のほうが、混乱におちいるスピードも速いんじゃないか。

「便利さ」によってわれわれの時間感覚はどんどん加速し、その一方で、スムーズにいかないことがあると、絶望に到着するまでの時間もかなり速くなってきてしまったのではないか。

人々が山肌のような地面を歩いていた時代だったら、もっと違う感覚もあったんじゃないか。

過激なことを書きたいわけではなくて、僕自身は2020年から今にいたる世界に住んでみて、どこかで「頭だけで考えることの限界」を、清々しいまでに感じました。

そして、**どんな世の中にあっても「自分の運」は自分のとなりにあり、運のコンディションを整えていけば、けっこうこれからも「いいめぐり遭い」もあったりして、なんとかなっていく**んじゃないか。

今の自分のコンディションを、地面から教えてもらう。

昔の人が持っていた知恵が、今の世の中でこそ、再び必要になってきている気がします。

うまくいかないことがあったら、モヤモヤした日々が続いたら、先が見えないことが続いたら。とりあえず、手ぶらで外を歩いてみてください。

「決め事」をつくりすぎてしまうと、追い込まれてしまう日もあるでしょう。一時的に自分が抱えていることを忘れてみて、手ぶらで歩いてみる。それだけで、本来の自分を取り戻せたりします。

この本は、今まで以上に一生懸命書きました。

正直、途中で山に逃げ込もうとする気持ちも何回か起こりました。

そのたびに、手ぶらで家の外を歩きました。みなさんにも手ぶら体験をおすすめしたいです。手ぶらで出かけてみて、少しずつ、行ける距離を増やしてみる。行きたい場所も増やしてみる。

それで、もう少しだけ元気が出たら、この本をおともに散歩にでも出かけていただければ、本当にうれしいです。

今回も最後まで読んでいただき、本当にありがとうございました。

またお会いできましたら！


しいたけ．

本書は「しいたけ.公式サイト」の有料コラムを加筆・修正したものに、
大幅に書き下ろしを加えて再構成しました。

イラスト　100%ORANGE

しいたけ.のやさしいお守りBOOK

2021年12月2日　第1刷発行

著　者　しいたけ.
発行者　鉄尾周一

発行所　株式会社マガジンハウス
〒104-8003　東京都中央区銀座3-13-10
書籍編集部　☎03-3545-7030
受注センター　☎049-275-1811

印刷・製本所　中央精版印刷株式会社

カバーデザイン　渡邊民人（TYPEFACE）
本文デザイン　清水真理子（TYPEFACE）

©Shiitake, 2021 Printed in Japan ISBN978-4-8387-3191-6 C0076

乱丁本・落丁本は購入書店明記のうえ、小社制作管理部宛てにお送りください。送料小社負担にてお取り替えいたします。ただし、古書店等で購入されたものについてはお取り替えできません。定価はカバーと帯、スリップに表示してあります。本書の無断複製（コピー、スキャン、デジタル化等）は禁じられています（ただし、著作権法上での例外は除く）。断りなくスキャンやデジタル化することは著作権法違反に問われる可能性があります。

マガジンハウスのホームページ　https://magazineworld.jp/